三浦景生の染め　白寿の軌跡

会期：２０１６年９月６日（火）〜９月１８日（日）
会場：京都市美術館
主催：三浦景生展実行委員会、京都市美術館、京都新聞
協賛：大松株式会社、京都中央信用金庫

序

梅原　猛

　三浦景生氏は満九十九歳を迎えた昨年八月二十日の誕生日に「数えでも百まで生きられて嬉しい」と語り、その八日後、あの世へ旅立った。この三浦氏が最後に残した言葉は、単に百歳を迎えたことを喜んだものではない。百歳まで新しい芸術の創作を続けたことを謙虚にかつ誇り高く語っているのである。三浦氏は百歳にいたるまで、自らの専門である染色作品のみではなく、ユーモラスな陶筥などを作り続けた。

　彼の染色作品の多くは空を飛ぶ野菜がモチーフになっている。空を飛ぶ野菜を描いた染色家は三浦氏以外にはいないであろう。なぜ空飛ぶ野菜を描くかという問いに三浦氏は答えていないが、私は、その野菜は浄土へ向かって飛んでいるのではないかと思う。野菜はそれぞれ異なった表情をもって空を飛んでいる。おそらくこの世に対するさまざまな思いを秘めて浄土へ向かっているのであろう。

　日本人は古くから、人間は死ねばあの世へ行くと考えてきた。あの世はこの世と同じように、人間が自然のなかで暮らす世界であるが、三浦氏は野菜をあの世へ送って成仏させようとする。私はこれまでずっと主張してきたように、人類の末永い存続を図るには「草木国土悉皆成仏」すなわち人間や動物ばかりか植物や鉱物もすべて仏になれるという日本の伝統的思想が大きな役割を果たすと考えているが、まさに三浦氏は、生きとし生けるものの代表として野菜をあの世へ送るのである。

　そのような天翔ける野菜の描かれたすばらしい染色作品に加えて、三浦氏が作った陶作品を私は愛好している。それらは遊び心にあふれているが、その遊び心のなかに人生への深い洞察とユーモアが感じられるのである。

　百歳という天寿を全うした三浦氏も、彼の描いた野菜とともにあの世へ行ったにちがいない。

（哲学者）

開催にあたって

三浦景生展実行委員会委員長　木村 重信

　いわゆる創作染色は第2次大戦後に始まった。「日展」「新匠工芸展」「日本伝統工芸展」「京都府工芸美術展」「日本現代工芸美術展」「日本新工芸展」がつくられ、染色作家たちが個性的な作品を出品した。また、重要無形文化財保持者（いわゆる人間国宝）の制度ができて、友禅染の田畑喜八、上野為二、森口華弘、型染の稲垣稔次郎の諸氏が認定された。この4人と蠟染の小合友之助さんを創作染色の第1世代とするなら、三浦景生さんは彼らに続く第2世代である。三浦さんはいう。「小合友之助先生に巡り会えたのは、私にとって運命的といえるもの」であり、「稲垣稔次郎先生には溢れる香りに似た純粋さ」を感じ、「前者が智であれば、後者は理か、共に真実へのひたむきな人生を目のあたりに見聞し得た」と（『三浦景生作品集』あとがき、1982年、染織と生活社）。

　一方、1950年、京都市立美術専門学校が同美術大学となり、工芸科に染織図案専攻（1963年に染織専攻に改称）が設置され、小合さんと稲垣さんが指導にあたった。その後を、佐野猛夫、三浦景生、来野月乙の3氏が継ぎ（三浦さんは1963年から82年まで勤めた）、多くのすぐれた作家たちを育てた。従って本展の実行委員会は、京芸大染織専攻で三浦さんに指導をうけた第3世代を中心に構成されている。その委員会に私が加わるのは、1952年～74年京芸大に在職して、10年あまり三浦さんと同僚であったからである。その間、芸大移転問題や大学紛争・改革で苦難を共にしたので、互いに戦友とでもいうべき感情を抱いた。

　三浦さんはその長い作家歴において3回ほど作風を変えている。初期の『朧』（1959年）は牝牛と牡牛を組みあわせ、キュビズム風に造形したもので、きわめて力強い。しかも半音と短音による微妙なハーモニーによって、渋味のある香気をただよわせる。かかる堅固な構成と抑制された情調は三浦作品を一貫する持味である。

　このような色と形の普遍性の追求は、年を追うて深まり、やがてきびしい抽象的法則による、きわめて構築的な世界が実現されるようになる。中期の『末摘花』（1972年）がその例である。彼は末摘花、つまり紅花を単に要約し、様式化したのではない。それだけなら普通の抽象と異なるところはない。また単に末摘花に寄せる情趣をあらわしたのでもない。それだけならそこに本質的な謎はない。『末摘花』はそれ自体として描かれているのではなく、メタモルフォーゼの過程で浮遊している。また、この作品は屏風の寸法よりも3割ほど大きいドンゴロスの布を緑・橙・赤の3段に染め、それを裁断して上下にずらしたり、上下反対に貼りあわせて構成し、さらにその後、アクセントとして布象嵌による小布裂を配している。この布象嵌はたいへん難しい作業であり、名人といわれた表具師の手によって可能になった。因みに彼の父・三浦久次郎さんはすぐれた表具装潢師で、若いころ京都の美術商・山中商会の仲介で、ニューヨークのフリア美術館所蔵の日本美術作品修復のため滞米したことがある。

　その後、三浦作品は具象イメージを濃くするようになる。モティーフは花や草や野菜などの植物で、とくに野菜が多い。野菜といっても、キャベツなどの葉菜類、大根などの根菜類、胡瓜などの果菜類があるが、三浦さんが好んでモティーフにしたのは根菜類

である。例えば『菜根譚』（1984年）には、葱、唐辛子、大根、玉葱、子芋などが、黒地に色あざやかにあらわされている。注目すべきはそれらの発芽に関心が寄せられていることである。三浦さんにとって自然を扱うことは、自然の生命にふれ、その生成の過程に立ちあうことであり、従って野菜を扱っても、その形よりも生成が中心的なテーマとなる。かくして、普通の絵が自然のイメージを描写するのにたいし、三浦さんは色と形の独自な構成によって、観者を生成する自然のイメージの前に立たせる。自然の現象よりも、自然の根源的な生命へ──それが彼独自のファンタジーの秘密である。

　三浦さんのこのような業績にたいして、1999年「芸術選奨文部大臣賞」が授与された。そのとき彼は、授賞に私が密接に関係していると思い込み、長い礼状を送ってきた。しかし私はその前年まで選考委員会の委員長を務めたが、当該年は福永重樹さんに替っていた。そのことを何度も三浦さんにいったが、長いあいだ肯んじてくれなかった。因みに、私は1994年に国立国際美術館長として「現代の染め・四人展──佐野猛夫、三浦景生、伊砂利彦、来野月乙」を同館で催したが、この展覧会を担当したのは学芸課長の福永さんであった。その後1998年、彼は目黒区美術館長として「染めの詩・三浦景生展」を企画、開催した。

　京芸大定年退職後、三浦さんは色絵陶板や陶筥をつくり始める。彼は描画が巧みなので、小品ながら情趣があり、格調も高い。その新作が毎年、正月前に「お年玉」として贈られてきた。それらは恒例の1月2日の拙宅での新年会に、他の作家たちの色紙やオブジェなどとともに飾られ、披露された。

　最後にひとこと付記する。本展は大松株式会社会長・小澤淳二さんの全面的な支援によって開催される。三浦さんが創立以来尽力してきた染・清流展の本拠である染・清流館（大松運営）ではなく、京都市美術館が選ばれたのはなぜか。それは京都市美術館が主催することのほかに、展示面積の広さと観客の便宜を考慮したためでもある。願わくば、ひとりでも多くの人が本展に足を運ばれ、ユニークで豊かな三浦景生芸術を楽しまれんことを。

（美術評論家）

発起人：梅原　猛（代表）、小澤淳二、潮江宏三、澁谷和子、中井貞次、中野光雄、
　　　　布垣　豊、森口邦彦、鷲田清一

三浦景生展実行委員：
　　　　木村重信（委員長）、石田杜人、井隼慶人、兼先恵子、河田孝郎、
　　　　木村菜穂子、日下部雅生、栗原知枝、佐藤能史、髙谷光雄、田島征彦、
　　　　内藤英治、長尾紀壽、福本繁樹、松尾芳樹、三橋　遵、八幡はるみ、
　　　　山本六郎

　凡例

・本図録は、京都市美術館で2016年9月6日から18日まで開催される展覧会「三浦景生の染め　白寿の軌跡」の論文付き図録である。
・本図録に掲載された作品は、展覧会の陳列作品にできるだけ即する形で選択されているが、完璧に一致するものではない。展覧会での展示構成と、本図録の作品掲載の構成は異なる。したがって、本図録の掲載作品番号と、実際の展覧会の陳列番号とは一致しない。
・本図録に記載した作品寸法の単位はcmで、原則として平面は縦×横、陶筥などの立体は奥行×幅×高さで示す。
・図版頁中に記載された三浦景生氏の作品説明文は『21世紀は工芸がおもしろい』（2003年　求龍堂）に掲載された「三浦景生講演会『私の仕事』」（1997年4月23日）記録からの引用である。
・本図録の編集は、三浦景生展実行委員会の図録編集委員（佐藤能史、田島征彦、福本繁樹）が行った。

目次

序……………………………………………………………… 梅原　猛　　3

開催にあたって……………………………………………… 木村重信　　4

模様化された空間　三浦景生作品の歩みから　………………… 尾﨑眞人　　8

あそびとかよろこび　三浦景生、造化奇妙の模様世界　……… 福本繁樹　 12

図版……………………………………………………………………　 37

略年譜…………………………………………………………………　177

作品リスト……………………………………………………………　180

模様化された空間
三浦景生作品の歩みから

尾﨑 眞人

四時期における各時期の作品群

　三浦景生の作品の流れをみてみると、大きく分けて四時期に分けることができる。それが大方の意見であろう。三浦景生は 1946 年秋、戦後の第 2 回日展に初めて展覧会に出品したが落選となる。しかし翌年秋の第 3 回日展で《池之圖》が初入選を果たす。初期作品は戦後 1947 年の第 3 回京展、同年第 3 回日展に入選を果たした時から、1959 年の第 2 回新日展で特選を取った《朧》、そして 1960 年の第 3 回新日展に入選した《羽展くコンドル》までを、初期段階の作風を示す作品と考えられる。

　第二期は 1961 年に始まる。第 4 回新日展に出品された《蒼い岸壁》から始まり、1972 年《末摘花》までの抽象表現の時期と称することができるであろう。この時期には数多くの「布象嵌」によるシャープな段差美が、不思議な「面」としての動きを見せる、抽象画の世界を示している。

　第三期は 1973 年に制作された《晨》から 1979 年制作の《牡丹之図》あたりの作品を示す。第三期は抽象作品からの移行が始まる。第四期として 1980 年に制作された《花菖蒲》や 1981 年制作の《蓮文》あたりから、新たな空間が求められるようになる。その後 1984 年に作られた《菜根譚》では、描かれた空間とその空間の中で飛び浮く、野菜たちを描くようになった。《太古の譜》(1992 年)、《根菜の詩》(1996 年)や《和根洋菜頌》(2007 年)のような、新たな空間が目立つ作品を仕立てていく。また 1999 年に作られた《波止場頌》のような生活空間を讃えた風景画のような精神を持った作品も生まれてくる。このように第四期の最後には「野菜」を中心に描いた作品と、「街の風景」を断片的に合わせた作品とに大別されるが、これらの三浦景生の新たな世界は、工芸美術の新たな染め世界を示している。これらの画面を飛び交う野菜を梅原猛は次のような言葉で残す。「野菜は仲間を作って自由に空を飛び、互いに遊び戯れているように思われる。これは京都の町の一角でひそかに起こっている世にも不思議な出来事である」。三浦の描く世界を、「あの世で自由にあそんでいる野菜であろう」と梅原猛は語る。同様な作品に対して、木村重信は「その線はたんなる輪郭ではなく、その色は対象を説明するためのものではない。彼にとって線は、ファンタジーを掘り起こす手段であり、色彩はファンタジーの国への羅針盤である。彼の作品がきわめて様式化されながら、その底に豊かな生命力を宿すのはこのためである」と三浦景生が成し遂げた世界を示してくれる。このような作品の歩みを持つ三浦景生作品を追ってみたい。

第一期作品群

　三浦景生は 1916（大正 5）年 8 月 20 日に、京都市中京区間之町通姉小路上ルに、表具師である父・久次郎、母・タキの長男として生まれた。本名は景雄である。1932（昭和 7）年、15 歳で丸紅株式会社意匠部に染織図案制作見習いとして入社する。1942（昭和 17）年には大阪陸軍造兵廠に徴用される。戦後は 1946（昭和 21）年 2 月の丸紅株式会社意匠部の再建に参加。29 歳であった。

作家としての歩みは、1946年秋の戦後の第2回日展に初めて展覧会出品し、落選となるが、翌年秋の第3回日展で《池之圖》が初入選となった。初期作品は先に示したように1947年の第3回京展、第3回日展に入選を果たした時から、1960年の第3回新日展に入選した《羽展くコンドル》までを示すと考えられる。現存する同時期の作品が少ないので、図版の判明するものをここに示しておく。

　1947年の京展《蠟染 ほろほろ鳥之圖》、同年第3回日展出品《池之圖》（蠟染屏風）、これらの作品は、三浦光陽の名前で出品された作品である。当時の京展に出品した多くの作品の画像データは、ほとんど存在しないが、解る範囲で作品を観てみる。1948年に三浦景生は、今西良夫、春日井秀雄、佐野猛夫、皆川泰蔵、山出守二らと「匠」を結成し、1950年に進駐軍が接収していた京都市美術館事務所で、4月5日から10日まで開催した記録を残す。

《染織 南想の図屏風》
第6回日展　昭和25年

《温室水辺の図》
第7回日展　昭和26年

《染屏風 暖房》
第5回京展　昭和28年

《暖房の図屏風》
第9回日展　昭和28年

《運河》
第6回京展 市長賞　昭和29年

《蠟染 運河》
第10回日展　昭和29年

《古墳期》
第1回新日展　昭和33年

《朧》
第2回新日展　昭和34年

　作品図版の判明する中において、1953年に京展・日展に発表された図は「温室」であり、線描が強調された作品である。翌年1954年・1955年には、南禅寺奥の疏水を写生した作品で、これらの作品も当時としては珍しい「線」を中心に考えられた染色作品となっている。

　《古墳期》《朧》の画面右上には、月が描かれている。描かれた月は、次の抽象画を描いた時代にもつながっていく。1959年の《朧》で雌・雄の牛を描いた。「理由は解りませんが、この時は動物がやりたくて、そしてまずこうゆうボリュームのある動物をやりたくてウシを探し出しました」と語る。牛は八ヶ岳の麓で取材したものである。神津牧場のジャージー種の雌・雄を描き、新日展で特選を勝ち取った。

第二期作品群

　三浦景生の特色的な作品としては、まず第二期の抽象作品時期に見られる。図版が確認される作品としては1961年の第4回新日展に出品した《蒼い岸壁》あたりから、第二期となる抽象期が始まったと考えられる。この時期を代表する作品は、第1回日本現代工芸美術展で現代工芸会員賞をとった《蒼い風景》に見られるような、心象風景の作品群から展開される。月明かりのもとで、田の中の稲と水面に映る月が描かれる作品である。作品画面にあちらこちらに広がるヒビ割れが、作品を味深いものにしている。しかしこのヒビの技法は不明である。以後の作品に心象的に描かれた月はしばらく描かれ続く。その後1964年には、「面」を問題とする抽象作品が誕生する。これらの時期の作品は、初めは「木綿・ろう染」で作られ、後日には「麻・ろう染」となる。初期の心象風景から、抽象空間の世界を示すようになっていった。そしてその抽象空間は「面としての動き」を見せるようになっていった。1967年に作られた《塔》(第19回京展)から《去来》(第10回新日展)への展開は、作品に「動き」をもたらせたことである。ちなみに《塔》は京展賞をとっている。作品の「動き」は、《風来》において、風の強度差を視覚化させ、1969年の《海》(第1回改組日展)では跳ね返る波として、作品世界に「動」を画面にもたらすことになる。第3回改組日展に出品された国立国際美術館所蔵の《緑の式部》は「本年染色部門作品中抜群といえるこの作品は屏風の形態をとり右方よりの斜線に対し左肩の垂線、その扱いは近代感覚に溢れ、壁の隅取り配色の扱いともに成功」と辻光典が語る作品となる。

　第二期の最終時期の作品である『源氏物語』を借りた《緑の式部》や《末摘花》では、「象嵌」を用いて形態を鮮やかに作り出していく方法を手に入れている

　抽象作品の時期である第二期作品は1972年作《末摘花》まで続き、「具象をやりたくなった」という言葉を残し、縦に長い1972年作の《土器と干し果実達》などの作品を創るようになった。その第二期と第三期を繋ぐ作品として、「土器と〇〇シリーズ」がある。1973年になると、象嵌を展開させた「土器と〇〇シリーズ」が誕生してくる。作品中の形体を持つ鳥や土器などは象嵌で出来ている。象嵌とは「布で切って、抜いて、別の色絵を同じ形に切って、はめ込む」事で出来た作品である。防染する染織では、反対の色を並べる時に、防染の線を入れなければならなかったのを避ける方法であった。翌1973年には、《晨（牡丹）》などの第三期作品群が誕生する。

第三期作品群

　作者三浦景生を、新たに具象作品に向かわせた意味は何だったのだろうか。難しいのだが、その一つに考えねばならないものとして、隣り合う色彩のことではないのだろうかと思う。部分部分の色の違いの変化を、花びらや葉のもつ、表／裏といった部分の表情の違いといったものの中で、表したいという思いが強かったのではないだろうか。明

確な色彩の幅を三浦景生は求めていたと考えられる。三期の作品群は、全体像より部分を取り上げ、いくつもの視点で画面に表してくる作品が多く見られる。作品を見る者に視覚の楽しみを残す方法として、視点の異なるデッサンを何層にも取り上げている。例えば《晨（牡丹）》では、牡丹と牡丹の間に、視覚的に牡丹を繋ぐものとして、鳥などが描かれたりしている。翌年の《はぼたん譜》では「従来の奥行きの仕事から平面構成に脱皮しながら、感性の非凡さを見せる」という藤慶之の言葉が捉える（『アート』1975年）。

　第三期から第四期への移行であるが、1980年に発表された《花菖蒲》そして81年《蓮文》あたりから、作風に変容していく様子がうかがい知れる。

第四期作品群
　《花菖蒲》は、第12回改組日展に出品された作品で、洛西の梅宮の花菖蒲を描いたものである。作者が対象物の何を捉えたのかを、提示した作品となっている。三浦景生は対象物の総体を捉えるのではなく、部分を特化する方法を描き出した。ここでは菖蒲の葉を同一にして、花を一点ずつばらし描くという方法をとっている。そして1981年作《蓮文》では作品の同一画面のなかに、蓮の花の変貌を描き切っている。同一画面に蓮のつぼみ、開花する花、枯れた花といったように、一画面の中に蓮の花の三時期の時間推移を描いた作品となる。このように対象物を、季節の中の一つの事象として捉えるのではない捉え方がとられるようになった。三浦景生は、こうした作業を「模様化」と称した。

　その「模様化」の行きつく地点として、晩年の根菜の空中遊泳図とも言える作品が生まれてくる。藤慶之は同作品を次のように語る。「天然染料による暗調空間と、顔料による鮮烈な色調の菜根類との、妖しげな色彩交響のせいか。それとも、菜根が新しい芽を出しながら、いつかは死滅していく、輪廻思想の生死観ゆえか」と言葉を残す。この作品《菜根譚》（第15回改組日展）が誕生する1983年の時点で三浦景生は、作品世界を空間とし、その空間のなかで菜根類は芽を出し、天地を無視した自由な配置に菜根達を送り込んでいる。藤慶之の言葉のように、「輪廻思想の生死観」を感じることもできる。妖しげにも発色する根菜類は、新たに配役されたスターたちとなる。三浦景生はその後も、独自の視線で作品を展開させていった。1999年の《波止場頌》やその翌年の2000年に作られた《祭祀頌》、《港讃歌》などの新たな空間が画面に誕生する。作品空間はそれ自体が、さらに「模様化」された空間となっていった。画面の四辺すべてを地辺として見る事もできる作品である。これらの作品にはタツノオトシゴが印として新たに画中に現れてくる。おそらく作者の生まれ年である1916（大正5）年の干支である、辰から来ている印なのであろう。

（京都市美術館学芸課長）

あそびとかよろこび
三浦景生、造化奇妙の模様世界

福本 繁樹

　三浦景生の回顧展はこれまでたびたび開催されてきた（註1）。しかし今回は最大規模の出展数で、初期の作品や、多くのスケッチや下絵などが展示される。今回あらたに目にできた豊富な資料と、永年にわたって親交いただいた師の言行、とくに創作活動の初期に注目し、戦後から1960年代にかけての京都の創作的な染めの勃興期の動静をふまえ、三浦景生作品について私見を記して追弔の意に代えたい。

　2009年の夏「世界の蠟染め展」を京北の田舎屋（拙宅）で開催した。手持ちの雑多な蠟染め資料を整理、虫干しするため、私的な内覧を兼ねて3日間展示したものだ。蠟染め展といえば、これまでジャワバティックが展示されることが多く、「世界の」と冠したものは開催されてないだろうと、7カ国の蠟染め資料によって「世界の蠟染め展」とした。大仰な名前をつけたささやかな展覧だが、ジャワバティックに加えて、中国少数民族の蠟染め（蠟染）、オーストラリア先住民のバティックや、オランダ、インド、マレーシアのバティックがあり、縁あって入手した小合友之助の《薊纈牛二曲屏風》や三浦景生の蠟染め額《魚介 ほね貝、ひらめ、うに》を展示した。

　こんな山里での開催に、はたしてだれがやってくるのかと待ち受けていると、初日の朝いちばんにいらっしゃったのが三浦景生先生だった。あまり遠出されない当時92歳の先生に遠路お越しいただいたことに驚いたが、先生は小合作品との再会を待ち望んでおられたようで、屏風との対面にすこぶる満悦され、「これは傑作です。小合先生の代表作です」「この作品のよさをわかるひとはいないのではないですか」などとしきりに説かれる。

　《薊纈牛二曲屏風》は1942作で、戦時中の第5回新文展に出品された。荒寥たる原野を背景に画面いっぱいの角をつきだした獰猛そうな雄牛にちいさな狆（ちん）が対面している。真珠湾攻撃の直後につくられたこの作品は、めったなことで戦争反対など口にできないなかで、巨大強国に対峙する日本固有の小犬を象徴的に表現しているのだろうか。三浦景生先生は、「戦時中、私にも徴用令がきて、大阪陸軍造兵廠という兵器をつくる工場で働いていましたが、特別に一日休みをいただいて、小合先生の作品を観るために京都の美術館まででかけました。そのとき観た作品です」とおっしゃった。後日、この作品との対面が先生にとって運命的な出合いであったことに気づいた（※以後の小論では、論旨による敬称有無の不統一をご容赦いただきたい）。

小合友之助作《薊纈牛二曲屏風》（1942年新文展無鑑査出品）の前で、三浦景生先生と、筆者と妻福本潮子。2009年8月。

三浦景生作《魚介 ほね貝、ひらめ、うに》。1959年の第2回新日展受賞前頃の作例。京都美術懇話会展出品。1970年代以降のシュルレアリスム的だと指摘される作風の兆しがみられる。堰出し技法に終始した三浦景生にとって蠟描き技法を用いた数少ない例。

小合先生との出会い

「ある先輩が、日本画家の都路華香(つじかこう)塾で同門だった小合友之助先生を紹介すると言ってくれました。人との出合いの不思議、運命的で私の人生を大きく左右する出来事となりました」(福本繁樹編『21世紀は工芸がおもしろい』、求龍堂、2003)。三浦景生（1916-2015）が蠟染め作家の小合友之助（1898-1966）にはじめて面会したのは1946年だというから、その数年前に作品と対面していたことになる。三浦景生は15歳から勤めていた丸紅株式会社意匠部の勤務を戦時中3年半中断していたが、戦時中に小合作品にめぐり会い、蠟染めにとりくむことを決意していた。1947年の京展に《ホロホロ鳥之圖》、秋の日展に《池之圖》が初入選すると、勤務をやめてしまった。敗戦直後の不安な時代にサラリーマンを退職するとはおもいきったものだ。「とにかく生活自体が苦しい時代で、先のことは混沌として見えないが、自分の好きな仕事ができるよろこびが唯一の支えになっていたと思います」(前掲書)と語っている。小合友之助との出合いにより、蠟染めの創作へと急転直下の転身をなしとげてしまった。

それから十余年後、三浦景生は1959年に大作《朧(おぼろ)》で第2回新日展、特選・北斗賞を受賞した（註2）。描かれた牛は1950年代に日本にもちこまれた、まだ目新しい乳牛の雌雄だった。「信州と上州の境にある神津牧場で写生しました。このときはこういうボリュームのある動物をやりたくて、ジャージー種というウシの大きな牧場に泊まりがけででかけました。これを交合の図とも言われますが、そういう意識ではつくっていません。思案のあげく雌と雄を組み合わせた構図になりました」(前掲書)という。画面では、朧月と乳牛のまるい乳房が豊満な春を演出し、充実とともに第一線にデビューした記念作となっている。三浦景生には、小合友之助の牛が念頭にあったのだろうか、戦時中に制作した小合の牛は鼻輪をつけた獰猛そうな雄の赤牛一頭だったが、三浦景生の牛は、平和な時代のカップルである（註3）。

三浦景生の言葉に、師としての小合友之助にいかに傾倒していたかがうかがわれる。小合先生の作品は、「染めの特質を充分生かした内容豊かな格調高い作品です」「工夫のあとが随所にみられます」「そのあたり、たいしたものです」、1992年の《太古の譜》の「朱色は小合朱と呼んでいる小合友之助先生にいただいた顔料である」などなど。1963年に来野月乙（1924-2005）とともに京都市立美術大学（現京都市立芸術大学）の助教授に就任した経緯についても、つぎのように語っている。

> 私は経験がないので、教えるということがわからない。そこをあいまいにして大学に勤めるのは不誠実に思ったので、小合先生を訪ねて「教えるということはどういうことか」と質問しました。そうしたら「教えるということは、自分が勉強することや」と言下におっしゃいました。自分が勉強するのが教えることになるのであれば、それはできないことはないと思いまして、同年4月から勤めることになりました。(前掲書)

三浦景生が蠟染めで創作活動をはじめたのは1946年以前のようだ。1947年に日展初入選を果たしたが、「初めはトウモロコシをやりましてね。それは見事に落ちましたね。二回目にとおったのです」と語っている（前掲書）。当時31歳の遅いデビューだったが、図案や日本画の中心地である京都の地で作家として確固たる基礎を築いていた。

> 私の作品集に寄稿くださった加藤類子さんに、私のことを「都路華香さんの影響がある」と書いていただいたのにはびっくりしました。私はとくに意識していたとは思えないが、ぜんぜん関係ないともいえない。なぜなら、小合先生も福西さんも同じ都路華香の門下であれば、ひょっとしたら隔世遺伝ということになるかもしれない。このように話していると、京都というところは根の深い文化の蓄積した街で、私は京都に育てられたという感がつよいです。（註4）

　三浦芸術を理解するには、都路華香（1870-1931）、小合友之助、三浦景生という系譜や京都の文化的環境を無視できない。このあたりの状況は村松寛（1912-88）の「小合友之助 ―その時代、その作品」（『小合友之助作品集』有秀堂、1972）に詳しい。小合友之助が日本画や図案にいかに精通していたか、古代裂や世界の染織品への造詣がいかに深かったかが記され、明治末に鶴巻鶴一（1873-1942）によって復活された蠟染めが、帝展工芸部とともに大きく発展することなどが記述されている。

　2006年に京都国立近代美術館で「都路華香」展が開催された。カタログの解説やあいさつには、都路華香は、「謹厳実直にして一言居士の性格は画壇人としての相応の地位から遠ざけられ、さらに参禅していたことにより脱俗の士と見なされることもあった」「永らく脚光を浴びることのなかった華香芸術の全貌を再認識できる絶好の機会になることを確信します」とある。帝国美術院会員であり、京都絵専・美工の校長として後進の指導にあたった華香だが、その弟子の冨田溪仙（1879-1936）は「都路先生はどうも大成してゐられないと思はれる。その原因は、元々正直な為めに環境から脱出することを敢てし得なかつたからだ。京都と云ふ池の中、家庭と云ひ師匠と云ひ更に心を開拓する筈の禅、そうした環境から寧ろ縛られて、飛出す事が出来なくて藻搔いて終始された感がある」と、厳しい華香評を記しているという。都路華香が、相応の評価を得ず永らく等閑に付されてきたことは、小合友之助、三浦景生にも共通している。また「謹厳実直にして一言居士の性格」「脱俗の士」「正直」「京都と云ふ池の中」という性格も共通しているのではないか。

　三浦景生は自身の作品集に短い言葉を残している。「殊に私の様な、いつまでたっても混迷を続けているものにとっては、終りのない、長い旅路を、何かを求めて歩いているのですから」「自然風物に造化の妙を想い、人為を越えた何ものの技か、げに美しきもの野に満つであります」（『三浦景生作品集』染織と生活社、1982）、「〈無為而無不為〉を承知はしていますが果してその何十分の一かはそういう自然の摂理に適って生きてこられたか、

作為や虚飾は避けてきたつもりですが省りみて忸怩たるものがあります」(『三浦景生作品集』求龍堂　1996)。自らの姿勢を言葉にする三浦景生の心得は、後半生の作品タイトルに〈菜根譚〉をしばしば好んでもちいたことにもうかがえる。『菜根譚』は、明末の儒家、洪応明の著。後集では山林閑居の楽しみを述べ、無欲と風雅を説く。「人ヨク菜根ヲ咬ミエバ、則チ百事ナス」という宋代の汪信民のことばから、粗食や苦境に耐えた者が百事を成すと、悪政と混迷の明末期の人生の指南書ともなり、江戸時代の禅僧などに愛読された。そこに記された枯淡、風流、無心、淡泊、遊びは、まさに三浦景生が好んだ境地ではあろう。

逸楽にふけるアトリエ

　三浦景生はひたすら制作三昧の日々をおくった。衣食住については頓着なく、家事いっさい手伝わず、日当たりのよい庭があっても園芸などには興味なし、仕事以外のおつきあいが嫌いで、交友や海外旅行などで外出することもほとんどなかった。ただ囲碁と麻雀は好きで、達人だったが、「アトリエに居ればしあわせです」と、アトリエで逸楽にふけっていた。海外へは、日本現代工芸美術ヨーロッパ巡回展のためにヨーロッパ・ツアーに参加したことと、銀婚式にチベットへトレッキングにでかけたくらいだ。ただ草花などのスケッチにはスケッチブックをもって、せっせとでかけた。

　長寿でアトリエから動かなかった丹誠無二のひとは、膨大な労作と数量の写生、下絵、作品を残した。そのどれもが精細をきわめた仕事ぶりである。丹精、精細、精緻、精敏、精妙などの「精」の字は氏のためにあるのではないかとおもわせる。三浦景生はアトリエにこもって制作・思索・瞑想にふけるひとだった。村上華岳は、「妙といふ域には、瞑想がなくてはならぬ。畫作といふものは、實は密室の祈りである。又感激とは三昧、神・人の交霊の法悦をいふのだ」と記したが、同様の境地だったかと思われる。

　「先生は日展出品作などの草稿にどれくらい日数をかけてとりくまれるのですか？」と、私は直接質問したことがある。先生は白髪を掻きなで、笑みを浮かべるだけで、なかなか返事をしてくれない。その場に居合わせた夫人が先生の返事が遅いのを見兼ねたのか、「2ヶ月間やってます」と答えてくれた。

　経験と実力の作者が、豊富な写生の準備のもとに日夜とりくむ草稿に、いつも「2ヶ月」もかかるというのは、現在のデザイン感覚では尋常ではない。その「草稿」は、「デザイン」とか「構成」などの言葉で説明できるものとは思えない。一方、三浦景生は自らの仕事に「模様をつくる」ということを強調する。作品とか絵ではなく「模様」である。膨大な写生と、念入りな草稿のプロセスから模様をつくる、「写生・草稿・模様」に三浦景生の表現世界の秘密がありそうだ。

現代の模様をつくる

　三浦景生の講演会記録がある。平成9（1997）年4月に先生を大阪芸術大学にお招きして「私の仕事」を演題に講演していただいた。2時間余りの熱弁だったが、後日談では「よう、まぁ、えらそうなことを話してもエエのかなとも思うけど……」「最近使命だと思うようになりました。私の立場で言うべきことは言わないと……」ともおっしゃった。当時80歳、前年に集大成の作品集を出版されていた先生だが、意外にもほとんど講演されたことがなかったので、作品写真を映写するための準備などの手伝いもさせていただいた。

　貴重なお話の録音起稿をして、先生に校正いただき『三浦景生講演会「私の仕事」記録』（A4カラー32頁）にまとめた。それを『21世紀は工芸がおもしろい』（福本繁樹編、求龍堂、2003）に再録した。先生自ら加筆校正を何度も重ねられて「現代の模様をつくる」のタイトルで出版となった（前掲書223～248ページ掲載）。それは寡黙な先生のまとまった言葉の記録としてはほとんど唯一のものとなった。

　今、改めてその記録を再読すると、「使命」だとの覚悟と周到な配慮で「言うべきこと」が語られていることがわかる。先生は、柔和で物静か、謙譲のひとではあるが、内面では、むしろ自負と誇り、達観と孤高の「大高慢」のひとではなかったかと思われる。傾聴すべき言葉を紹介し、私見をつけくわえたい。

　　模様化というか、模様にしたいという気持ちは、いつもあるのです。私は「現代の模様」がないような気がしますのでね。自然とのつながりのなかで、現代に生きた模様ができたらなと思っています。

　　いまでも、着物の模様にゆきづまると光琳模様をつくれば売れるというようなことを聞きます。ということは、その時点からそれ以上のものはできてないということになりますが、このへんのことが染色工芸を考えるうえで意味があるのではないかと思っています。

　　自然の模様化、様式化で装飾性を追求したいという思いが根底にあって、この思いは、谷崎潤一郎の『藝談』にある「創造行為は新しいものを追うのではない、一つの価値有ることを繰り返し追求すること」と言っている。また『陰翳礼讃』のなかでも同じ思いに触れていますが、私の思いはこのような考えに通じるのではないかと思っています。

　三浦景生は「現代の模様がない」と語っている。このデザインや装飾にあふれる現代社会に「現代の模様がない」といえば不審におもわれるかも知れない。しかしヨーロッパにはオリジナルな装飾模様がほとんどない。私はかつてヨーロッパの友人が「ヨーロッ

パ人はプリント柄をみると、すべてエスニックだとおもっています」と言ったことに驚き、近代ヨーロッパにオリジナルな模様がないこと、そして近代日本においてもあたらしい模様をつくることができなくなったことに気付き、模様と絵画、模様とデザインの違いについて考えをめぐらせてきた。「模様」とは、われわれが忘れかけていた日本人の造形観、世界観をとりもどさなければ理解できない言葉なのだろう。

　『柳宗悦全集』に「模様はグロテスクなもの」と書いていました。それを認めているわけです。また「その本質を出そうとすると、どうしてもグロテスクになる」とも。そうであれば、私のこれでもよいのかと、すこしは安心したものです。

　柳宗悦著『工藝文化』には以下のようにある。「模様とは、なくてならないものの強調である。ここでグロテスクの美が発生する。模様は何らかの意味でグロテスクである。グロテスクとは単に奇怪というようなものではない。本質的なものの強調である。だから畏驚（いきょうおも）の念いを伴うのである。最も美しいものはどこかにグロテスクの要素を帯びる。そうしてその表現の凡ては模様的なるもので示されてくる。ここに美と工藝性との深い結縁が見える」また、「描写からあらゆる無駄を取り去り、絵を要素的なものに還元する時、凡てに単純化が行われる時、絵は必然的に模様に入るではないか。それを工藝化された絵と呼んでよくはないか。模様化は絵をもっと絵にするといえないだろうか。模様になり切ったものこそ絵の絵と呼んでよくないか。凡ての工藝品は何らかの意味で模様的であると述べていい」。

　三浦景生の模様世界は「あそびとかよろこび」にあふれている。綿密な写生から本画への意表をつく軽妙な飛翔がある。写生画から外形をまったく変えて本画がうまれ、花や野菜などのモチーフの形象が、単純化、歪形化にもかかわらず、瑞々しいリアリティをただえている。たとえば作品《晨（牡丹）》(1973)、《はぼたん譜》(1974)、《牡丹之図》(1979)、《花菖蒲》(1980)、《たけのこ畠の虹》(1987)、《花菖蒲の虹》(1988)などには、同じ画面に同じモチーフがそれぞれ模様化の形式を変えて、そのヴァリエーションが対比的に構成されている。模様化の手の内をここまで顕示する作品を私はほかに知らない。このあたりに三浦景生が「現代の模様をつくる」という意図がうかがわれる。氏は《たけのこ畠の虹》について自ら語っている。

　　この作品には模様化の意識が強いと思います。だから平面的な構成になっています。そしてタケノコもそうですが、タケノコの斑を一つずつ変えて変化をつけています。そのような目立たないところで、まあ遊びですね。やはり私の作品は、遊びというのがかかわる。だから、ああいうことになるのとちがうかな。あまり決まりきったことよりは、遊びとかよろこびですね、そういう要素がいつもほしいのです。仕事に遊びの要素がないと続かないですわな。作品を見るひともしんどいでっしゃろ。

意表をつくほどの模様化と、それがかえってモチーフのリアリティを引き立てるという表現について、「まあ遊びですね」とこともなげに語る、それは作為というより、「畏驚の念い」による「本質的なものの強調」なのだろう。三浦景生は講演会で、小林秀雄著『無私の精神』のなかの「私の人生観」に、リルケがロダンを語ったという文章について紹介し、「どうもここらあたりが気にかかります」と語っている。参考にその「気にかかります」という部分を引用してみよう。

　　藝術家は、美について考へやしない、考へられぬものなど考へる筈がない。「美」を作り出さう　などと考へてゐる藝術家は、美學の影響を受けた空想家であり、この空想家は、獨創性の過信、職人性の侮蔑といふ空想を生むだけである、藝術家は、物、Ding を作る、美しい物でさへない、一種の物を作るのだ。人間が苦心して様々な道具を作つた時、そして、それが完成して、人間の手を離れて置かれた時、それは自然物の仲間に這入り、突如として物の持つ平靜と品位とを得る。それは向ふから短命な人間や動物どもを靜かに眺め、永續する何ものかを人間の心と分たうとする様子をする。この様な不思議な經驗は、確かに強烈なものであつたに相違なく、人間はただこの經驗の爲に物を作らうとした。（小林秀雄『無私の精神』: 38-39 文藝春秋、1967）

　「模様」は「装飾模様」とされるように、「装飾」とともに、とかく表層的で内面の反映がなく芸術とは縁遠いものと一般的にはとらえられがちだが、鶴岡真弓は『装飾する魂　日本の文様芸術』（平凡社、1997）において、岡本太郎が「日本美術で結局よいものは、抽象と装飾だ」と言ったことを三島由紀夫が「発見」であると書いていることを指摘して、装飾の本質論を展開する。また、土佐光起（1617-91）の、「異国の画は文の如く、本朝の画は詩の如し」の思想（『本朝画法大伝』、1690 年）に、日本の非写実の作法は「変・奇・権・草・花」にあって漢画の「正・経・真・実」に対立するとか、自然のデフォルメ・幻想性・仮象性・軽みなどが、わが国の絵画の特徴であると明言したことを紹介する。一方、土佐光起の「白紙も模様の内なれば、心にてふさぐべし」という言葉を紹介し、日本の絵画には「空白」の価値が高度に意識化されていることを指摘する。私は、絵師が画論において「絵」や「画」ではなく「模様の内」などと記していることに注目したい。江戸時代には、今日のわれわれとは絵画と模様との区別の仕方がちがっていることをあらわしている。
　「絵」も「画」も「圖」も「模様」も漢語である。日本にはもともとこれらをあらわす言葉がなかった。絵の「カイ（クヮイ）」は漢音、「エ（ヱ）」は呉音で訓読みがない。描かれたものは「かた（形・像）」であった。「形」には「模様・あや」という意味があり、「像」には「かた」という意読がある。本居宣長は「絵」に「かた」と訓じている。外来語の「絵」や「模様」をうけいれると、日本で「絵模様」という言葉ができる。絵と模様を区別する意識がとぼしいからだろう。

岡倉天心は『日本美術史』のなかで光琳について、「この人にいたりて模様に対する考大いに面白く、画と模様との区別をなくせしこと、非常の大事業なりというべし」と述べた。しかし日本美術にはもともと画と模様の区別がなく、光琳はその性質をダイナミックに示したにすぎないのではないか。柳宗悦がいうように「模様になり切ったものこそ絵の絵」なのだろう。日本の絵画が模様のように装飾的であること、その絵画がきものをはじめ工芸世界にも同時に展開したこと、そして、きものの世界に絵模様が爛熟したことなどには、「絵」と「模様」を区別しない感性を根強く伝えている。「絵」の字になぜ糸偏があるのか考えてみるがいい。

　「絵」と「模様」については、日本的写実についての特性から理解しなければならないだろう。ここではこの問題に深入りできないが、たとえば高階秀爾は、西欧の写実主義が一定の視点を設定するところから遠近法・肉付け法、明暗法などを利用した現実再現が行われたが、日本の写実主義はひとつの視点から捉えられた世界の把握とは別の原理が働いていることを指摘している（註5）。河北倫明は、「ヨーロッパ式写実を対物的とするならば、東洋的な写実はむしろ即事的」（『器用者の世界』新潮社、1959）と説明し、また小林秀雄は「實相觀入」と「合法則性」の違いから「寫生」と「sketch」のちがいについて説明している（註6）。

なぜ蠟染めなのか

　私は三浦景生先生に「なぜ蠟染めをされたのですか」と直接質問したことがある。工芸や染色よりも美術や日本画のほうがメイジャーな世界であり、「現代の模様をつくる」には日本画でもいいと考えるからである。しかし氏の回答は「小合先生がいらっしゃったからです」と明快だった。同様の質問を来野月乙先生にも向けたが、答えはまったく同じだった。来野月乙も同様に小合作品との出合いによって蠟染めをはじめたようだ（註7）。ならば、小合友之助がなぜ蠟染めなのかが問題となる。日本画をめざして都路華香塾に入り、先輩、冨田溪仙に私淑して院展にも出品した小合が、そのまま進めば一家をなしたであろうにという話もあったそうだ（註8）。

　村松寛は、小合友之助について「﨟纈―蠟防染の手法を選んだのは、これは一貫作業が可能であり、それだけ作家の自由個性を発揮しやすいこと、さらに毛筆の味が生かせることももう一つの理由だ」と記している。また、蠟染めは帝展工芸部とともに大きく発展することになったが、「染や漆が絵画に追随しすぎるとは、当時帝展工芸にむけられた批判であったが、小合友之助はそれを恐れず、思い切って自分の好きなように、思う存分蠟染めで絵を描いた」とも記している（註9）。

　近年急速に衰滅の一途をたどりだした蠟染めだが、蠟染めは近代のインドネシア、百余年前のオランダ、そして8世紀と20世紀の日本で爆発的に流行した。1960〜80年代には京都のいたるところで和装に蠟染めがおこなわれていた。オランダを中心に1890

年から数十年間アール・ヌーヴォー・バティックが隆盛した。オランダのハーレムではバティック専門の学校も開設され、当時のヨーロッパでは著名なインダストリアルアーチストの多くが手描きのバティックをてがけていた。それに約20年遅れて、当時の西洋事情にあかるい鶴巻鶴一によって日本で蠟染めが復活した。

　蠟染め技法は、熱して液状になった蠟で文様を布地に描くと、固まった蠟が染料をはじいて文様があらわれるというものだ。筆を使った蠟描きの手軽さや、筆勢のやわらかさ、半防染や亀裂など独特のテクスチュア、蠟の確かな防染力を生かした重ね染めによる色彩の深みと模様の複雑さなどが、蠟染めの特徴である。ほとんどの工芸技法は量産のため組織的な分業とマニュアル化が確立されているが、一貫・オリジナル制作に向いている蠟染めは、作家によってさまざまな技法が開発され、運筆を活かし、制作プロセスに即興性をもちこむこともできる。大正初期ころ復活された蠟染めが、帝展や日展の創作工芸をめざす作家の技法としてさかんに試みられ（註10）、戦後になって、おしゃれ着の和装に発展したのも、この特徴がおおきな理由となっている。日本で発達した蠟染めは、rōzomeとして1990年代から世界でbatikと区別されるようになった（註11）。

　職人ではなく、作家が独創的な工芸にとりくむには、手軽に一貫制作ができるほうが有利である。小型の電器窯が開発されたことにより陶芸家が激増したこと、作家に手機が普及してテキスタイルアートが興隆し、1980年代からの世界的な絞り染めの流行など、一貫制作が可能であることがアートとして隆盛する要因となっている。作家が一貫制作をするようになると、作者の独断によって自由な技術開発が容易になる。ペーパーデザインの図案家や、請負職人のなかから志ある者が美術の世界に作家としてなだれこんできた。作家自ら素材や技法を理解・開発することにより、あたらしい表現の世界が一気にひろがる。そのため、蠟染めひとつにも作家によって多様な技術や表現が見られる。

　小合友之助（1898-1966）、佐野猛夫（1913-95）、来野月乙（1924-2005）、三浦景生（1916-2015）など、おなじ蠟染め作家ではあるが、それぞれのとりくみ姿勢の相違に留意しなければならない。たとえば運筆の小合、蠟による没骨の佐野、むらと絵模様の来野、堰出しと模様の三浦などと対照できる。あるいは蠟描き（註12）と堰出し（註13）の小合、蠟描きの佐野、堰出しの来野・三浦とも対照できる。佐野は蠟染めによる独自表現に顔料をもちいず布と染料に限定していたが、小合・来野・三浦は染めに顔料を、小合・来野は染めに紙を好んで用いた。そのため佐野は「顔料を使うな、若いもんが真似したら染めの世界が無茶苦茶になる」などと主張し、その発言が三浦景生との確執ともなった。

　来野月乙は「小合先生は蠟染めというのは七分の計画と三分の未知数がないと、おもしろく仕事ができないともおっしゃってました。小合先生と二人でいたときに聞かせていただいた言葉で、そのときはぼくも同意できる歳になっていました」と語っている。「三分の未知数」があることに蠟染めの意義があるとの考えだが、三浦景生のばあいは異なっている。

　三浦景生の初期の作品には素朴な蠟味があるが、やがてその味も整理されてゆく。

1960年代前半の《青い風景》《青の風景》《自然》などの抽象表現に独自の複雑な蠟味がいかされているが、布象嵌の手法をはじめるなり、蠟味がなくなる。どうやら三浦景生は蠟味を排除する傾向にあるようだ。それは佐野猛夫が独自の蠟絞りや半防染技法を展開して、蠟染めならではのテクスチュアを追求し、来野月乙は「むら」やたらしこみ、絵具の流れなどを生涯にわたって工夫した姿勢と比較できる。

　晩年の三浦景生は、蠟防染ではなく、マスキングとか合羽刷りという方法をもちいていた。生地に型紙を置いて、その上から色料をすり込む方法で、型紙に接着剤のついた透明フィルム（タックフィルム、伏せ紙）を用い、それを生地に貼り付け、生地を切らないように電熱カッターで型模様をくり抜く。また以前は、地色に植物染めを用いていたが、2000年ころからは「百パーセント、リキテックス（水性エマルジョンタイプのアクリル絵具）です」と説明していた。もはや「染色」とは言い難い技法だが、それでもご本人は、「マスキングを用いるのは蠟の堰出し技法からきているのだから、やはり染色と言ってもいいのではないか」とおっしゃっていた。タブロー作品のマスキングとリキテックスの手法やスタイルは、三浦景生が晩年ちかくまでてがけていた着物や帯、初期の作品の蠟の堰出しと染料によるものと多く共通している。

なぜ堰出しなのか

　「リキテックスとマスキングでも、堰出し技法からきているのだから、やはり染色だ」という理屈はなりたたない。しかし「やはり染色だ」と主張することに三浦景生の芸術を理解する手掛かりがある。蠟の堰出しから、リキテックスとマスキングの技法へと展開した事実に、三浦芸術にとって何が必要なのかがしめされているからだ。

　友禅染めの模様は典型的な鉤勒塡彩様式である。鉤勒塡彩とは、輪郭をほそい線描でくくり、そのなかを彩色することで、絵巻物や浮世絵など日本の絵画や文様にみられ、輪郭線（骨法）を描かず直接運筆で描きあらわす墨絵などの没骨法とならぶ東洋画の二大技法のひとつである。なぜ東洋画の二大技法なのかは、近代の西洋画には鉤勒塡彩技法がなかったからである。日本の染織文様には顕著な類型的表現がある。植物などの同一モチーフが、唐織、夾纈、刺繍、花氈、摺箔などの異なる技法にもかかわらず、ほぼ同様に表現されている。線描が重視され、輪郭を細線であらわし、そのなかを彩色するという鉤勒塡彩様式の表現が、正倉院の伝存品から現代の友禅染めまで一貫してみられ、鉤勒塡彩様式への強固な執着が認められる。

　江戸時代に宮崎友禅斎が、鉤勒塡彩の絵画様式を模様染めに活用したのが友禅である。「糸目友禅」の糸目糊によって「鉤勒」を実現し、「挿し友禅」の色挿しで「塡彩」することによって、よりダイレクトな鉤勒塡彩の絵画様式がおこなわれるようになると、友禅染めがたちまち大流行となり、それまでの、たとえば辻が花染めを駆逐して「まぼろしの辻が花」にしてしまった。

「鉤勒塡彩」の語はほとんど使われなくなったが、友禅模様や友禅技法を理解するためにも有効な言葉である。また「鉤勒／没骨」と二字熟語の対語にして「塡彩」が省かれることによって、「塡彩」の意義が見落とされると危惧する。「塡彩」とは自由に彩色するものではなく、字義どおり塗り残しなく単色を輪郭内にうずめることで、せいぜい暈しが施される程度である（註14）。この「塡彩」の方法に近代思考の「絵画」と絵模様のちがいが認められる。
　「堰出し友禅」という技法がある。模様の輪郭に糯糊で堰の糸目を置き、輪郭の外側のバック全面を糊で伏せ、模様の内側に彩色する。このため輪郭線が残らず、塡彩のみの模様表現で仕上がる。つまり糸目（鉤勒）よりも「塡彩」を目的とした手法である。糸目による糸目友禅こそが「本友禅」たるものであるという認識によって、あまり周知されていない技法ではある（註15）。
　蠟染めの「堰出し」とは、蠟で輪郭を描き、そこに色挿し（塡彩）をして、染色後脱蠟をして色挿しの染料、つまり塡彩部分のみを残す手法である。三浦景生にとって、この「塡彩」が重要な意味をもっていた。そうでなければ蠟の堰出しから、リキテックスとマスキングの技法へと積極的に展開した事実が理解できない。

　　　染色というのは絵画と比較して、技術的に制限が多いですね。制限のなかで仕事を
　　　やろうというのは、言葉数を少なくして内容のあることを言いたいというのと共通
　　　したところがあるように思いますね。

　堰出しという制限に、三浦景生は「現代の模様をつくる」ための技法的意義を認めていたのだろう。氏に写生について質問したことがある。「写生をするとき、いつも陰影法や透視図画法の意識から逃れることができず、先生のような写生や下絵をつくることができません、なにか心掛けることがあるのでしょうか」とたずねると、「写生のとき対象を"面"で見ればよろしい」と、その秘訣を教示いただいた。含意のある言葉だが、輪郭線や陰や立体感よりも、面をとらえよという意味だと解釈したい。ここで言う"面"は「塡彩」とむすびつき、その写生の心得に塡彩と模様の密接な関係がうかがえる。
　三浦景生は「制約があるから強いものができる」とも言う。制限や制約、不自由は、芸術にとってマイナスだと考えられる傾向が強いだろう、それがプラスのものであると説明するのは難しい。『広辞苑』には「制約」にふたつの意味が記されている。「①条件を課して自由に活動させないこと。②物事の成立に必要な規定または条件。」とあるが、問題の「制約」は①の意味ではない。また②にある「規定または条件」を人間がとりしきるものと思いこむと、たとえば工芸を「羈絆芸術」「不自由美術」などとする考えがうまれる。「規定または条件」は自然の摂理から必然的に生まれるものであれば、それを受け入れることになんの不足があろう。ここで冒頭に紹介した氏の言葉をもう一度思い起こしてみよう。

「自然風物に造化の妙を想い、人為を越えた何ものの技か、げに美しきもの野に満つであります」「〈無為而無不為〉を承知はしていますが果してその何十分の一かはそういう自然の摂理に適って生きてこられたか、作為や虚飾は避けてきたつもりですが省りみて忸怩たるものがあります」。

柳宗悦が論じる、「実は不自由とか束縛というのは、人間の立場からする嘆きであって、自然の立場に帰って見ますと、まるで違う見方が成立ちます。用途に適うということは、必然の要求に応じるということであります。材料の性質に制約せられるとは、自然の贈物に任せきるということであります」(『手仕事の日本』1985) という言葉から、三浦景生の「制限のなかで仕事をやろう」という姿勢が理解できるのではないか。

戦後京都の現代染色

三浦景生の創作への道は、戦後から1960年代にいたる京都染色の勃興期とともに、そのはげしい潮流と渦のなかで形成された。その時期の動静について考察するにあたって、私事ながら、当時幼少だった筆者の環境について補足させていただきたい。私の父親の福本三木 (1913-96) は図案家から転向した染色家だった。蠟染め作品が1953年の京展、1954年の日展に初入選して、1965年に病臥するまで十余年間積極的に創作活動をつづけた。その間、父親は染色家などの交友の席に私を連れ回した。私は子供ながら、染色家たちの言動に興味をもって、大人のなかの片隅にひとり座を占めて、直接、間接的に染色家の人柄や作品を見聞きしてきた。1965年に父が病臥したとき私は19歳だったが、西洋画を学ぶため通学しながら、父に代わって工房をとり仕切り、当時高度成長時代とあって景気もよく数多い着物を染めていた。

父は戦後まで図案家、福岡玉僊の塾長を務め、戦前には図案展で受賞を重ねた (註16)。福岡玉僊塾に出入りしていた同郷の佐野猛夫のすすめで蠟染めをめざすことになった。福岡玉僊といえば山鹿清華 (1885-1981) とともに図案界の双璧だったと聞く。膨大な資料や美術コレクションをもち (註17)、趣味人で、たとえば素人歌舞伎に凝り、南座を借り切ってプロの役者を脇役に主役を演じたという羽振りだった。しかし図案界の勢いは第二次世界大戦によって壊滅状態となり、染織業界、図案、工芸が、機械工業や純粋美術に比して勢いをなくすとともに、今日では当時の図案界や図案家の興隆についても忘れられ、福岡玉僊の名が語られることもなくなった。

かつて「図案」がいかに主要なジャンルであったかは、教育システムにもうかがえる。京都市立芸術大学の前身である明治期の京都市立美術工芸学校 (美工) では当初は絵画科と図案科だけだった (小合友之助は1916年に、佐野猛夫は1932年に美工の図案科を卒業した)。京都市立絵画専門学校 (絵専) が発足したが、昭和期に日本画科と図案科が設置された (染色家の来野月乙と伊砂利彦は1945年に絵専の図案科を卒業した)。戦後に京都市立美術専門学校 (美専) になったときも日本画科と図案科のみで、やがて西洋画科・彫刻科・漆工科が併設され、

1960年になって京都市立美術大学（美大）に工芸科デザイン専攻が設置され、1980年の京都市立芸術大学（芸大）時代にようやく工芸とデザインが教育システムにおいて分離されるようになった。このような事実からも図案が美術界においていかにメイジャーなジャンルだったかがわかろうというものである。

　図案界の動きでまず認識しなければならないのは、図案家が主要産業の花形として地位を得ていたことである。ヨーロッパでも産業革命、殖産興業の主役はテキスタイルだったので、もっとも有能な人材がインダストリアルデザイナーとして主にテキスタイルデザインに携わった。今日の和英辞典では「工芸」の訳語が craft ではなく industrial art とされている。かつて industrial art はアートの世界で時代をリードする首座をしめていた。その後 fine art が craft に対して優位性をしめすようになったのと逆の現象である。近代ばかりでなく、『桃太郎』の話にもあるとおり日本では古来財宝とは「金銀、珊瑚に綾錦」だった。図案界は世界の綾錦を熟知していた（註18）。また美術全般について豊富な情報や資料を入手していた。京都の図案家は、正倉院や古渡り更紗をはじめ日本の古典、その源流の中国・インド・ペルシャの美術、コプトやインカ、インドネシアなど世界の染織品、大和絵や琳派、アールヌーヴォーから近・現代美術など、あらゆる美術に眼を向け、その要素を貪欲に摂取してきた。節操がないと皮肉りたくなるほどの積極性である。模写を徹底していた時代の「温故知新」の意味は今日のような浅薄なものではなかった。円山・四条派を範としていた京都の日本画や工芸一般とは比較にならないほど豊かな歴史感覚、国際感覚だった。

　また京都の染織界と日本画家との密接な関係も見逃せない。京都の日本画家がこぞって染織に功績を残したことが指摘されているが、図案界が高名な日本画家の恩恵を被ったというより、日本画家がメイジャーな図案界に活躍の場や糊口を凌ぐ手段を求めたと言ったほうがより現実的である。このような図案界から、染色家として創作の世界に人材がなだれこんできた。企業へのペーパーデザインから個人作家としての染織作品制作にのりだしたわけだ。山鹿清華、皆川月華（1892-1987）、小合友之助、佐野猛夫をはじめ、当時、ほとんどの染織家は図案界とは無縁ではなかった。三浦景生もそのひとりである。京都の現代染色は、明治以降の図案界や日本画界との密接な関係によって確立された。図案界の状況を知らずして戦後の染織界の動きをとらえることはできない。このあたりの状況を、村松寛の「小合友之助──その時代、その作品」や、「皆川月華・佐野猛夫巨匠対談『染織作家の歩み』」（『染織と生活』創刊号、染織と生活社、1973）がとらえている。

　戦前から戦後にかけて、蠟染め作品の作風が激変するが、それはあたかも図案・アールヌーヴォーから絵画・モダンアートへと染色家たちがシフトしていったことをあらわしている。作家の一貫制作により独自の技術開発が容易になり、戦後の工芸美術にあたらしい動静がみられるようになったことは前述した。1950年代のオブジェ陶器、1970年代のテキスタイルアートなどの勃興と隆盛がその典型例だが、1950年代の蠟染めにみられる先鋭的な展開もめざましい。それは日展のなかの蠟染めという池のなかの出来事として、あるいは前衛イコール反権威主義、在野という定式により、看過されてきた嫌

いがあるが、過小評価すべきことではない。当時は現代染色発表の場が日展以外にほとんどなかったのだから、今日とは全く事情がちがう。歴史において「前衛」が権威に変節するというパラドックスを見ると、なおさらその思いを強くする。戦後から1960年代にかけての蠟染めの動きには、あたらしいジャンル確立への活力あふれる展開がみられる。そのなかでも小合・佐野・来野・三浦の活躍がめざましい。それぞれの作家の制作姿勢や表現形式は異なるが、ともにあたらしい芸術の開拓をめざす鮮烈なベクトルをみせ、他の作家をリードしていった。この四氏を中心に刺激的な時代の展開を当時の展覧会図録などから概観してみよう。

鶴巻鶴一《額面二枚》
農商務省第一回圖案及應用作品展覽會
1913（京都工芸繊維大学美術工芸資料館蔵）

小合友之助《﨟纈和楽壁掛》
第13回帝展　初入選　1932

佐野猛夫《大阪天満祭の図》
第14回帝展　初入選　1933

小合友之助《山月屏風》　藍・麻紙
第2回日展　1946

佐野猛夫《童女の図》
第2回日展　特選　1946

　小合友之助の《山月屏風》について、京都画壇の長老で点数のきびしい黒田重太郎が「あれがほんものの仕事だ」と激賞し、重太郎の子息の黒田暢もこの作品に魅せられて蠟染めをめざすようになったと、村松寛が前掲書に記している。来野月乙もこの作品に感動して蠟染めのほうに進もうと決めたと語っている。染色世界のあたらしい芸術の開拓分野を示した小合作品のカルチャーショックによって、戦後に蠟染め作家が激増した。

来野月乙《染色「紫陽花」屏風》
第5回日展 1949

佐野猛夫《柳》
京都府ギャラリー個展 1952

三浦景生《染屏風 暖房》
第5回京展 1953

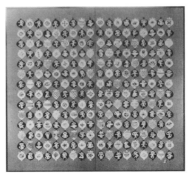
佐野猛夫《更紗屏風》
第5回京展 1953

来野月乙《西芳寺の庭》
第5回京展 1953

中井貞次《染屏風「眠りの森に」》
第5回京展 1953

皆川泰蔵《下田海岸の家 和染屏風》
第5回京展 1953

小合友之助《﨟纈山水》
第5回京展 1953

稲垣稔次郎《祇王寺之図 糊絵屏風》
第5回京展 1953

三浦景生《暖房の図》
第9回日展 1953

小合友之助《雨》
第9回日展 1953

楠田撫泉《衝立》
第9回日展 1953

皆川月華《屏風》
第9回日展 1953

来野月乙《山湖残照》
新樹會作品展 1953

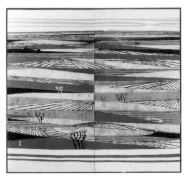
佐野猛夫《霜》
1954

三浦景生《運河》
第6回京展　市長賞　1954

来野月乙《水族館》
第6回京展　1954

黒田暢《花と昆虫》
第6回京展　市長賞　1954

　三浦景生の1950年代の初期作品《蠟染屏風「運河」》(1954)や《南華図》(1952)などの特徴は、来野月乙の《染色「紫陽花」屏風》(1949)や、佐野猛夫の《残照》(1950)、《ローケツ屏風「風景」》(1954)などと比較しても、単純化した線や面を藍の濃色や黒で描くなど、アールヌーヴォーや民藝の影響もある、共通した要素が認められる。この様式は当時の図案界に特徴的で、雑誌「明日のキモノ」や「キモノボーグ」などに頻出し、染色界で一種の標準となっていた。この様式を晩年まで一貫したのが皆川泰蔵である。この時代にあたらしい染色表現の模索の試みが活発だったが、小合友之助は早くから独自の表現様式を確立し、佐野猛夫は1955年あたりから蠟絞りの技法を独自に開発し、来野月乙は1950年代に先鋭的な試みをさまざまに試みている。

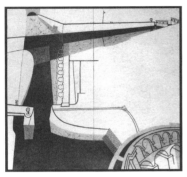
三浦景生《蠟染屏風「運河」》
第10回日展　1954

佐野猛夫《ローケツ屏風「風景」》
第10回日展　特選　1954

来野月乙《縞馬》
第10回日展　1954

皆川月華《染彩屏風スワン》
第10回日展　1954

中村光哉《港の一隅》
第10回日展　1954

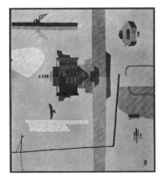
三浦景生《蠟染「低地」》
第7回京展　1955

来野月乙《群》
第7回京展　1955

福本三木《﨟染二曲屏風「漁港の朝」》
第7回京展　市長賞　1955

　日展や京展の染色による抽象的心象表現は、佐野猛夫の《柳》(1952)、《野をわたる月》(1958)や、三浦景生の《蠟染「低地」》(1955)、来野月乙の《迦樓羅》(1959)が初期のもので、1960年代はほとんどの日展工芸の作家が抽象表現にとりくんでいた。

三浦景生《製材所》
第8回京展 1956

佐野猛夫《ねこ》
第8回京展 1956

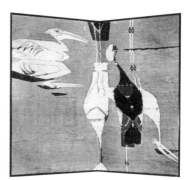
来野月乙《水鳥》
第8回京展 市長賞 1956

小合友之助《朝日山》
第8回京展 1956

三浦景生《蠟染屏風「段々畠のある漁村」》
第9回京展 市長賞 1957

来野月乙《はねひらく鳥》
第9回京展 京都新聞社賞 1957

佐野猛夫《染布 黒潮》
第9回京展 1957

小合友之助《梅》
第9回京展 1957

三浦景生《蠟染「網」》
第10回京展　1958

来野月乙《夜桜》
第10回京展　1958

伊砂利彦《緑蔭》
第10回京展　1958

三浦景生《魚介》
第11回京展　1959

来野月乙《迦楼羅》
第11回京展　1959

佐野猛夫《咲く》
第11回京展　1959

小合友之助《花》
第11回京展　1959

三浦景生《朧》
第2回新日展　特選・北斗賞　1959

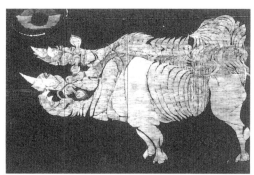
来野月乙《三匹の犀》
第2回新日展　1959

三浦景生《黄檗》
第12回京展　1960

来野月乙《迦楼羅》
第12回京展　1960

佐野猛夫《こぼれる（屏風）》
第12回京展　1960

　　三浦景生の《朧》(1959)にみられる複数の大きな動物を画面にダブらせて描くやり方は、来野月乙の《縞馬》(1954)、《駝鳥 A》(1955)、《群》(1955)などと共通している。とくに第2回新日展に同時に発表された来野月乙の《三匹の犀》(1959)と似た要素がある。

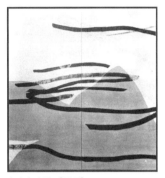
小合友之助《月明》
第 12 回京展　1960

三浦景生《木のある風景》
第 13 回京展　1961

来野月乙《樹と鳥》
第 4 回新日展 特選・北斗賞 1961

三浦景生《青い風景》
第 14 回京展　1962

佐野猛夫《緑季》
第 14 回京展　1962

来野月乙《旅鳥》
第 14 回京展　1962

表紙作品　三浦景生
《第 1 回日本現代工芸美術展カタログ》
1962

三浦景生《青い風景》
第 1 回日本現代工芸美術展
現代工芸会員賞　1962

来野月乙《旅鳥》
第 1 回日本現代工芸美術展　1962

京都染色の盛衰

　戦後に新分野確立をめざし、紆余曲折を経た現代染色は、1962年の第1回日本現代工芸美術展に絶頂期の勢いをみせるようになった。現代工芸美術家協会旗揚げの熱気はカタログの冒頭にかかげられた「主張」にもうかがえる。それには「工芸の本義は作家の美的イリュウジョンを基幹として所謂工芸素材を駆使し、その造形効果による独特の美の表現をなすもの」とあり、「現代の工芸は又現代の新しい解釈を要求する。日本現代工芸美術展はこのような工芸観をもつ作家の集団の展観であって、今後我々の展開する制作活動は高い視野に立っての日本工芸の道標であるべく又広い意味に於ては日本の特性を持つ国際交流への選抜手でなければならない」と結ばれている。まことに頼もしい主張である。またカタログには、美術評論家の田近憲三による期待のことば「新しい工芸美術の発展」も掲載され、山崎覚太郎の審査概評には「入選率も非常に厳格なもので六百点余に対して漸く133点という工芸展としては最大の難関であった」（傍点筆者）と記している。日展工芸の充実をしめすこの展覧会では、27名の審査員に、京都の染織界から山鹿清華（副委員長）、小合友之助、岸田竹史、佐野猛夫があたり、三浦景生が現代工芸会員賞、来野月乙が現代工芸賞を獲得している。カタログ表紙に三浦景生の作品、海外展のポスターに来野月乙の作品が掲載されるなど、小合・佐野・来野・三浦がうちそろって気を吐き、京都の染色が日本の工芸界を席捲する勢いで、まさに京都染色の黄金期といえる時期だった。三浦景生は翌1963年に来野月乙とともに京都市立美術大学助教授に就任した。小合・佐野とともに、京都の現代染色のジャンルを開拓し、京都市立美術大学初期の染織教育を受け持った中心的存在だった。

　だが、どうしたことだろう、その展覧会の血気は急速に失われることになる。第1回日本現代工芸美術展に掲載された「主張」は第2回展以降のカタログにも載録されたが、海外展は単発に終わり、カタログも第3回展までバイリンガルだったが、第4回展以降のものには英語訳もない。当時、急速な国際化、情報化がすすんでいたが、おおくの染色家たちの活動は、所属する団体や地域にとじこもるようになり、「日本の特性を持つ国際交流への選抜手でなければならない」との自負は、掛け声だけがむなしく聞こえるようになってしまう。

　その後、経済大国へと発展した日本では、美術界もおおきく様変わりした。日展中心の一極集中から多極分散、国際化、多様化へと展開し、1970年代になると、欧米からのテキスタイルアート旋風がまきおこり、テキスタイルアートをめざす若い人材が国内外で活躍するようになり、逆に染めの創作は、公募団体や京都の地域にひそむかのように勢いをなくしていった。京都の染色界では、小合・稲垣の作風に追随する作家が増えだし、ふたりのスタイルが染色表現の範例であるかのように学校教育や技法書でマニュアル化され、小合・稲垣を直接しらない世代にも継承されてゆく。染色界にアカデミスム（権威主義的

傾向）が支配的になれば、もはや脱俗・反権力の気風は失われ、気鋭の後進の活力は望めない。佐野・来野・三浦の三氏は、口をそろえるように、小合友之助が師だと認めると同時に、師に追随してはだめだと、それぞれ独自のスタイルを築いたのだが。

　小合・佐野・来野・三浦らは、ともに世俗的な手腕や意欲に乏しかったのであろう、それぞれ日展という所属団体では相応の地位から遠ざけられ、京都染色にとって陽のあたらない時代が訪れた。その後、京都染色の大家が響応するような勢いある潮流はみられなくなったが、それぞれの作家が独立独歩で創作の道をめざすようになった。

　戦後京都の蠟染めの夜明けともいうべき時代には潑溂とした役者がそろっていた。泰然自若の小合友之助、勇猛果敢の佐野猛夫、才気煥発の来野月乙、自娯適意の三浦景生…、その偉業と輝ける時代が今一度見直されてもいいのではないか。

（染色家）

註　1．「染めの詩　三浦景生展」（目黒区美術館、東京、1998）、「染 1990-2000　三浦景生展」（小原流会館、東京、2000）、「布と土に詩う ―万葉の歌など　三浦景生展」（奈良県立万葉文化館、明日香村、2006）、「三浦景生展 ―染陶歴程―」（パラミタミュージアム、三重県菰野町、2007）、「三浦景生展 ―ヨコハマ染陶歴程―」（シルク博物館、横浜、2011）、「三浦景生展 ―行雲流水―」（中信美術館、京都、2015）などが開催された。

註　2．牛をはじめ、馬、羊、駝鳥など大型動物のモチーフは、当時の染色家にとって実力を示す恰好のモチーフとなっていた。《朧》（1959）は、小合友之助の《蕗繍牛二曲屏風》（1942）や佐野猛夫の《童女の図》（1946）と比較できる。

註　3．このころ各染色家が大きな動物のモチーフを描いたが、佐野猛夫にも画面いっぱいの牛の背に乗る少女を描いた《童女の図》（1946）がある。来野月乙は牛よりも馬を好んで描いた。以後三浦景生の作品に巨大動物はみられない。

註　4．『21世紀は工芸がおもしろい』より。福西培東は都路華香塾で小合友之助と同門、日本画出身で、図案、書、篆刻、陶器などもやったという。丸紅株式会社意匠部で同室だった三浦景生を小合友之助に紹介した。

註　5．高階秀爾著『日本近代の美意識』（：183、青土社、1993）にはつぎのようにある。「西欧の写実主義が、一定の視点からの位置関係、すなわち人間と対象との距離を測定することによって成立するものであるのに対し、日本の写実主義はつねに視点と対象との距離を無視することによって、すなわち、鳥や昆虫でも、人びととの動作や表情でも、すぐ目の前で観察することによって成り立っているのである」。これに関して筆者は、陰影法・透視図画法は一視点・一時点の写実だが、それ以外の絵は多視点・多時点の写実であると説明している。

註　6．小林秀雄『無私の精神』（：23、文藝春秋、1967）にはつぎのようにある。「寫生とは sketch といふ意味ではない、生を寫す、神を傳へるといふ意味だ。この言葉の傳統をだんだん辿つて行くと、宋の畫論につき當る。つまり禪の觀法につき當るのであります。だか、齋藤（茂吉）氏は寫生を説いて實相觀入といふ様な言葉を使つてゐる。觀入とは聞きなれぬ言葉ですが、やはり佛典にある言葉なのだらうと思ひます。空海なら目撃と言ふところかも知れない、空海は詩を論じ、『須（すべか）らく　心を凝らして其物を目撃すべし、使ち心を以て之を撃ち、深く其堺（すなわち）を穿れ』と教へてゐる。さういふ意味合ひと思はれるので、これは、近代の西洋の科學思想が齎（もたら）した realism とは、まるで違つた心掛けなのであります。」

註　7．来野月乙は 2000 年に大阪芸術大学で「自作を語る―戦後の染色造形と私の仕事」の演題で講演した。そこで小合友之助の《山月屏風》（1946）に「たいへんな感動でした」「この作品に感動して、蠟染めを志したわけです」と語っている。その講演記録として約3万5千字の録音起稿があるが、残念ながら氏の加筆校正が未完成で発表できる状態ではない。氏は加筆校正に時間をかけられ、再三催促したが校正できたのは全体の三分の一あまりで、それ以上すすめていただくことは望めなかった。貴重で示唆に富んだ内容なので、何らかの形で公表しなければと考えている。

註　8．参照：佐野猛夫「小合友之助の人と芸術」『小合友之助作品集』有秀堂、1972

註　9．村松寛「小合友之助 ―その時代、その作品」『小合友之助作品集』有秀堂、1972

註 10．当時、蠟染めは染色界でほかの技法を圧倒していた。1950年代の京展などでは、黒田暢、村田博三、中堂憲一、伊砂利彦、中野光雄なども蠟染めで作品を発表している。

註 11．B・ベンジャミンの著書により世界の専門家のあいだで rōzome が世界語として普及した。『The World of Rōzome、ろう染めの世界』（1996, Betsy Sterling Benjamin, Kodansha International, Tokyo）の執筆に際して佐野猛夫の意見を仰ぎ「ろう染め rōzome」の語を採用した。

註12. 蠟描きは、筆描き、付立て描きともいう。布に筆などで融蠟を施し染色すると、蠟で描いた部分がモチーフとして表現される。
註13. 堰出しは色面の輪郭の外側をうめるように伏せ蠟を置き、なかに彩色を施す技法。蠟の防染部分が、付立てではモチーフに、堰出しでは逆にバックとなる。輪郭の外側に染み出す染料を堰止めるのが伏せ蠟の役割で、脱蠟すれば、蠟の痕跡が消え、シャープなアウトラインの図柄を表現できる。地染めのあと「蠟の堰出し・色挿し・乾燥」をくり返す計画的な重ね染め工程をふめば、複雑な絵画的表現も可能である。
註14. 高久空木（1908-93）や来野月乙は塡彩の色面に滲みやむら、色料の流れなどを開発した。
註15. 重要無形文化財「友禅」保持者に認定された田島比呂子（1922-2014）は堰出し友禅を特技とした。
註16. 1937年以降、京都市主催圖案展覽會（審査長は本野精吾）、圖案競技展覧会（審査長は山鹿清華）、圖案募集などで受賞している。圖案募集には京都羽二重友禪聯盟の株式会社市田彌商店、渡邊郁商店、吉田忠商店、丸紅商店、安藤商店の代表者が審査員をつとめた。
註17. 福岡玉僊編輯の『匠意玉寶』（1939年、1971年復刊、芸艸堂）では、「予、服飾意匠の事に携はること久しきに及べり、常にその資料を江湖に求め、各時代の衣装、調度、器具、車輿等を蒐集して渉猟尽くさざる無し。その蔵する所の器物を題材とし、新穎の匠案を創作せんとして、研鑽大だ努めたり」とあり、その旺盛なコレクションの姿勢をうかがわせ、西陣織物館編『綾錦』（全11冊、1916-25年、芸艸堂）にもそのコレクションが数点掲載されている。
註18. たとえば西陣織物館編の『綾錦』がある。日本の有力なコレクションのなかから古代裂の優品500点を、当時気鋭の日本画家や小合友之助が模写したものを精巧な木版印刷にした全10巻と「古鏡彌」、限定200部（1916-25年、芸艸堂）、1973年には『綾錦』が「今日に残された最高の染織資料集成『織文類纂』と双璧をなす幻の名品、最新の印刷技術により複製刊行」と、三一書房から500部復刊された。村松寛は前掲書に「染織名品の模写はこれから十年余続いて、小合友之助が染色作家としてスタートするまでの、最も重要な将来の基礎を培った仕事となった」と記している。

参考・引用文献

1953 「明日のキモノ 第四號 6月号」第五回京展工藝作品より、染織研究會
1953 「第5回 京展工藝作品録」マリア画房
1953 「明日のキモノ 第五號 7月号」新樹會作品展より、染織研究會
1953 「明日のキモノ 第九號 11月号」第九回日展工芸特編、明日のキモノ染織研究會
1954 「第六回京展四部工芸図録」（明日のキモノ別冊）明日のキモノ染織研究會
1954 「第六回京展工芸作品録」マリア画房
1954 「第十回記念日本美術展覧会図録 美術工藝」美術工藝會
1955 「明日のキモノ 26号」素凡第二回展作品、明日のキモノ染織研究會
1955 「第七回京展四部工藝圖録」明日のキモノ染織研究會
1956 「第八回京展工芸図録」マリア画房
1957 「キモノボーグ 京展工芸特集号 第9回京展工藝作品集」マリア画房
1958 「キモノボーグ 京展工芸特集号 第10回京展工芸作品集」マリア書房
1959 「キモノボーグ 京展工芸特集号 第11回京展工芸作品集」マリア書房
1960 「キモノボーグ 京展工芸特集号 第12回京展工芸作品集」マリア書房
1961 「キモノボーグ 第13回京展工芸特集号」マリア書房
1962 「キモノボーグ 第14回京展工芸特集号」マリア書房
1962 「第1回日本現代工芸美術展 The 1st Japan's Modern Industrial Art Exhibition」マリア書房
1971 隔月刊「染色工芸」第18号 小合友之助先生追想特集、田中直染料店
1972 『小合友之助作品集』有秀堂
1973 「染織と生活」創刊号、皆川月華・佐野猛夫 巨匠対談「染織作家の歩み」、染織と生活社
1982 『三浦景生作品集』染織と生活社
1991 『佐野猛夫蠟染作品』ふたば書房
1993 『来野月乙作品集』求龍堂
1996 『三浦景生作品集』求龍堂
1996 福本繁樹『染み染み染みる日本の心、「染め」の文化』淡交社
1998 京都造形芸術大学編『染を学ぶ』角川書店
2003 福本繁樹 編『21世紀は工芸がおもしろい』求龍堂
2010 「第26号特集 京都の染め」『民族藝術』Vol.26、民族藝術学会
2016 福本繁樹『染色論のすゝめ』工芸教育研究会

図版

1　白夜の白菜Ⅱ　2014年　100×64cm

2 　菜根譚　2007年　各148×360cm

3　菜根譚実寸下図・左隻　2007年（1984年を改作）

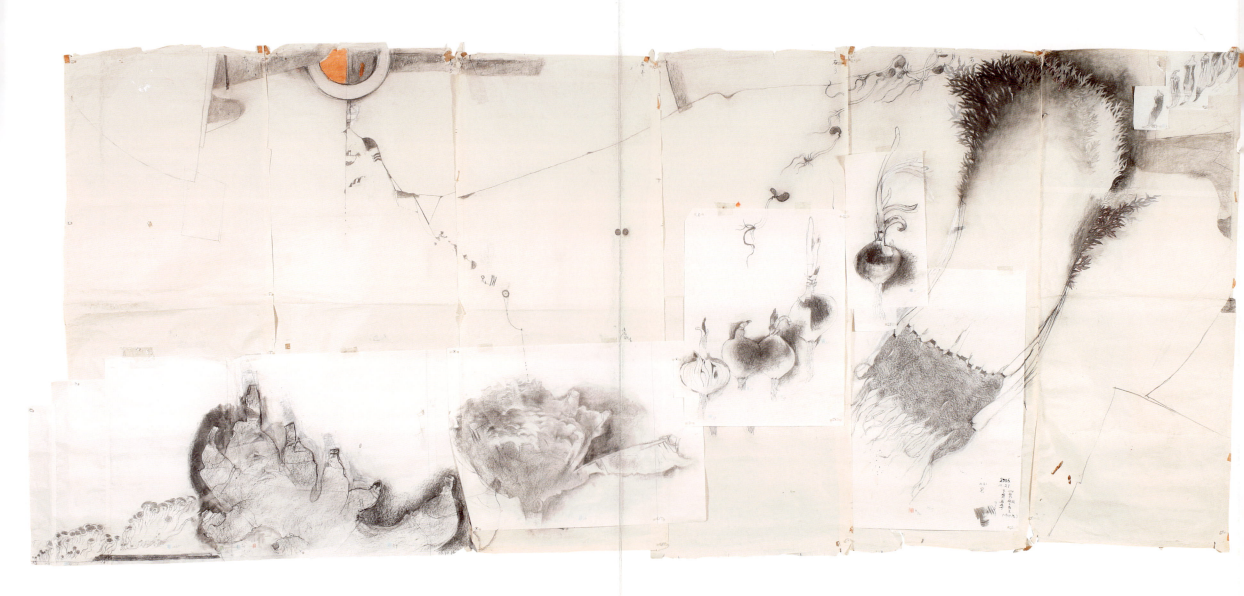

3　菜根譚実寸下図・右隻　2007年（1984年を改作）

4 染屏風 暖房　1953年　170×170cm

5　製材所　1956年　170×164cm

運河

　これは初期の作品です。南禅寺の奥の高いところをレンガ造りの細い疎水が流れています。それに沿って降ってゆくと、蹴上のインクラインと落ち合うところにモダンで古風な水門の設備があります。それに興味があって写生にずいぶん通い、モチーフにしました。雰囲気を出したいためにほとんど白と黒で簡潔に仕上げました。現代の染色を創りたいという思いがあったことを思い出します。はじめての受賞でうれしかった思い出が残っています。

6 　運河　1954年　167×185cm

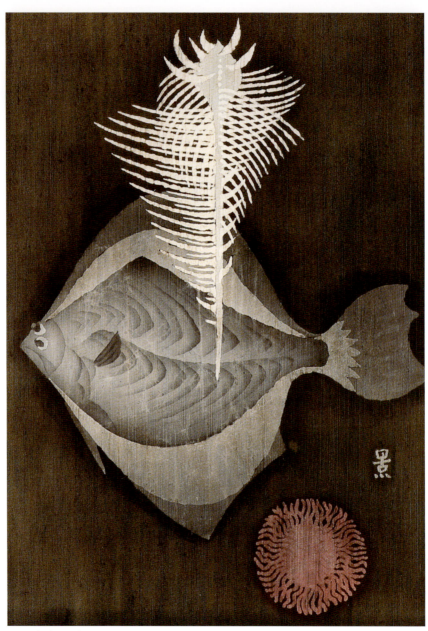

7　魚介　ほね貝、ひらめ、うに　1959年頃　60×43cm

8　羽展くコンドル　1960年　184×168cm

青い風景

　いまでも日本現代工芸美術展というのが毎年開かれていますが、その第一回展に出品したのです。当時でも、工芸の用と美とか、民芸の柳宗悦先生のお考えとかいろいろあったのですが、私はあまりそういうことを考えずに、工芸の技術を生かして、イリュージョンに重きを置きたいと思ってやりました。心象風景のようなものです。非常に抽象的な形になって、わりと粗いヒビが入っていますが、この技法に関して私はいま、どうしてこれができたのか、どうしてつくったのかわかりません。

9　青い風景　1962年　170×90cm

10　自然　1964 年　136×86cm

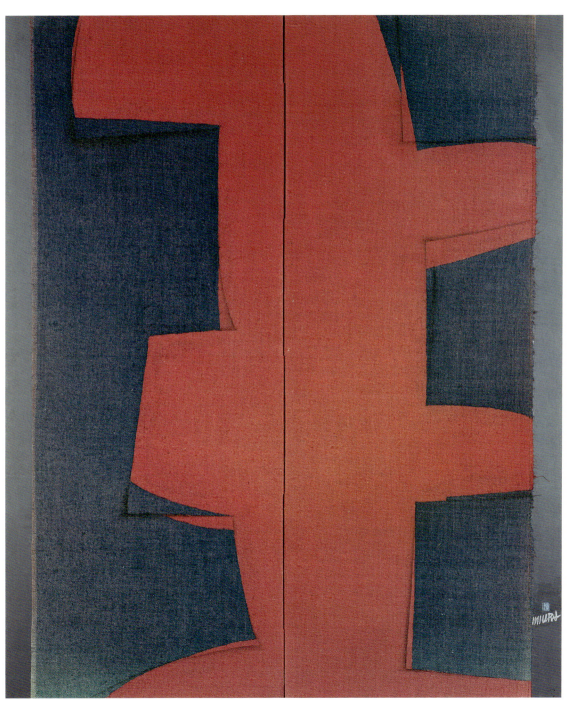

11　古風な話　1966年　168×141cm

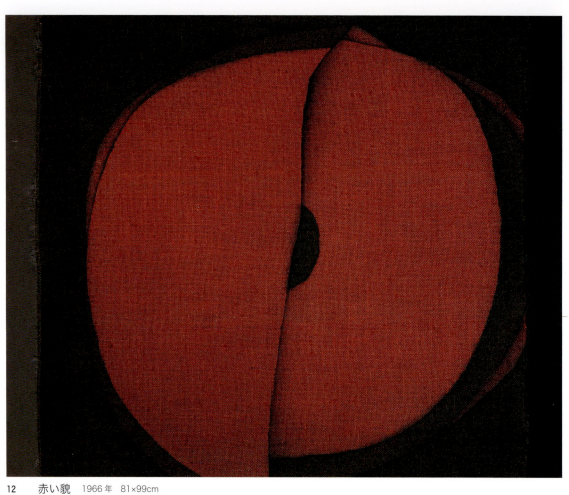

12　赤い貌　1966年　81×99cm

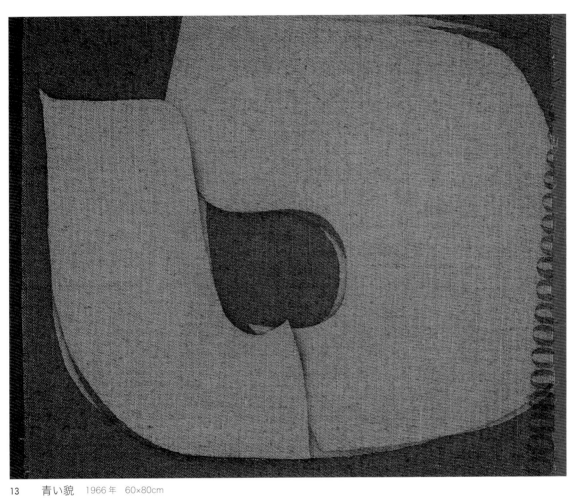

13　青い貌　1966年　60×80cm

14　賛歌　1966年　151×140cm

15　去来　1967年　168×151cm

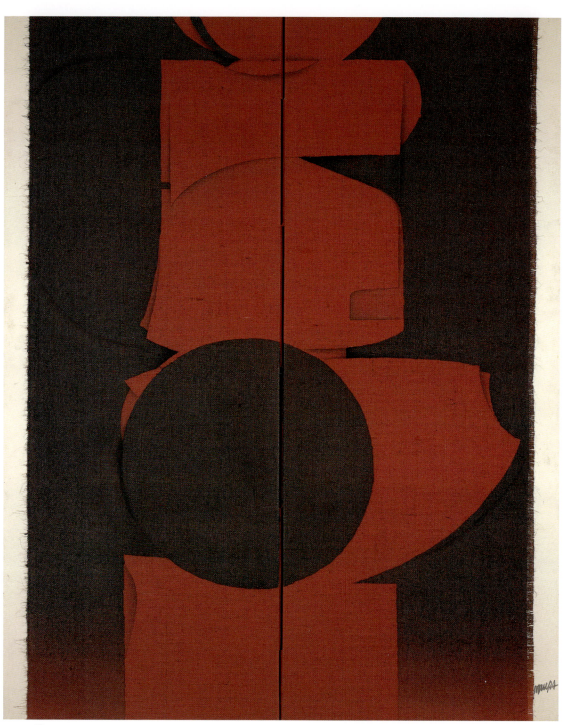

16　塔　1967年　150×122cm

17　海　1968年　150×120cm

18 風人 1968年 152×142cm

19 風水 1970年 168×168cm

20　緑の式部　1971年　167×184cm

21　きゃべつとうど　1971年　107×45cm

末摘花

　この作品の特徴は防染がしてありません。ヘッシャンクロス（通称ドンゴロス麻）を、緑と黄土と紅色を三段に染めわけ、それを裁断して貼り合わせてつくっています。私の家は代々、京都の表具屋だったのです。父の時代のお弟子がおられて、相談したら、「やってみまひょか」といってくれたのです。図の構成には頭の体操がいるのです。作品の右半分をみていただくと、その右下と左上とに、互いに逆さになっている同じ形があります。一方を切り抜いてもう一方に嵌め込むのです。わかりますかな。つまり、最小限の布を利用して変化を出したいという工夫をしています。これを私は布象嵌と名付けました。

22　末摘花　1972年　166×182cm

23 　土器と干し果実達　1972年　108×52cm

24　土器ととうもろこし　1973年　79×35cm

25 　土器とめろんと鳥　1973年　116×46cm

26　はぼたん譜　1974年　181×172cm

晨（牡丹）
あした

　この《晨》は、毎年写生を続けていた牡丹を題材にしています。具象に戻る見切り発車的な作品で無理がでていますが、私にとって思い出深い作品です。自然の模様化で装飾性を追求したいという思いが根底にあって、この思いは、谷崎潤一郎の『藝談』にある「創造行為は新しいものを追うのではない、一つの価値有ることを繰り返し追求すること」と言っている。また『陰翳礼讃』のなかでも同じ思いに触れていますが、私の思いはこのような考えに通じるのではないかと思っています。

27　晨（牡丹）　1973年　197×170cm

晩夏図

　《晩夏図》は信州清里で写生したトウモロコシがモチーフです。いつもあとから自分でも思うのですが、もうちょっとさらっと、普遍性のある作品にならないかと。だいぶ前になりますが、『柳宗悦全集』に「模様はグロテスクなもの」と書いていました。それを認めているわけです。また「その本質を出そうとすると、どうしてもグロテスクになる」とも。そうであれば、私のこれでもよいのかと、すこしは安心したものです。

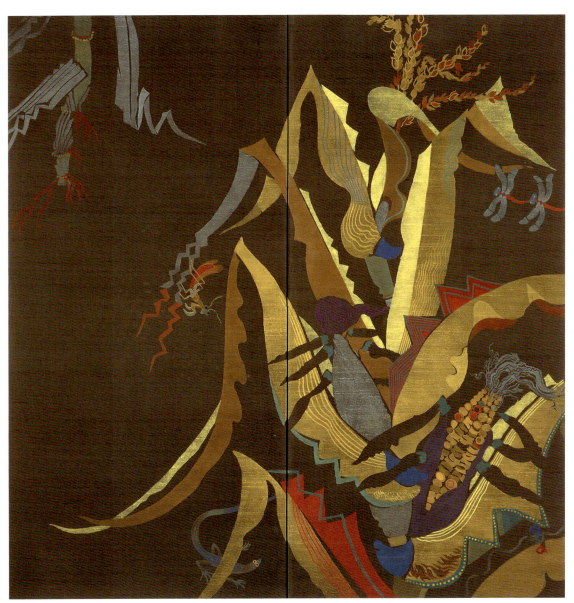

28　晩夏図　1977年　173×170cm

牡丹之図

　これはボタンです。私はだいたい、ブドウをやるときにはブドウの写生、ウシをやる時にはウシ、ボタンをやるときにはボタンの写生を、わりと几帳面にして、それからつくるのですが、このときは時間がなかったのです。それで、前年のボタンの写生を引っ張り出しました。だから、自由に、わりとものに即さずにつくれたのかなと思っています。満開のボタンと、半開きのボタンと、つぼみと、花が散ってしまったあとなど、そういう時間とか、うつろいとかも含んでいるわけです。華やかさもほしいし、柔らかさもほしいし、強さもほしいというような、欲の深い作品です。

29　牡丹之図　1979年　167×161cm

花菖蒲

　洛西の梅の宮のハナショウブを写生にいってこれをつくりました。葉の表現をどのようにしようかなと思って…。ふつうにやると平凡だし、一色でやるかと思って、ちょっと工夫をしたつもりです。葉をこのように一色でやって、花だけを一つひとつ形を変えています。模様化というか、模様にしたいという気持ちは、いつもあるのです。私は「現代の模様」がないような気がしますのでね。自然とのつながりのなかで、現代に生きた模様ができたらなと思っています。

30　花菖蒲　1980 年　174×173cm

31　蓮文　1981年　168×176cm

32　菜根譚　1983年　167×180cm

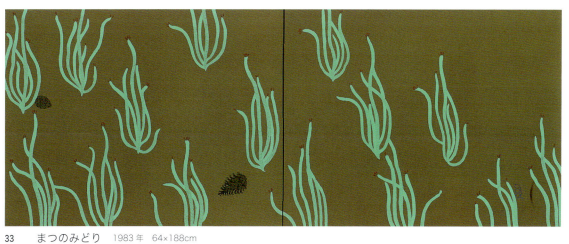

33 　まつのみどり　1983年　64×188cm

34 　菜根譚　1984年　141×131cm

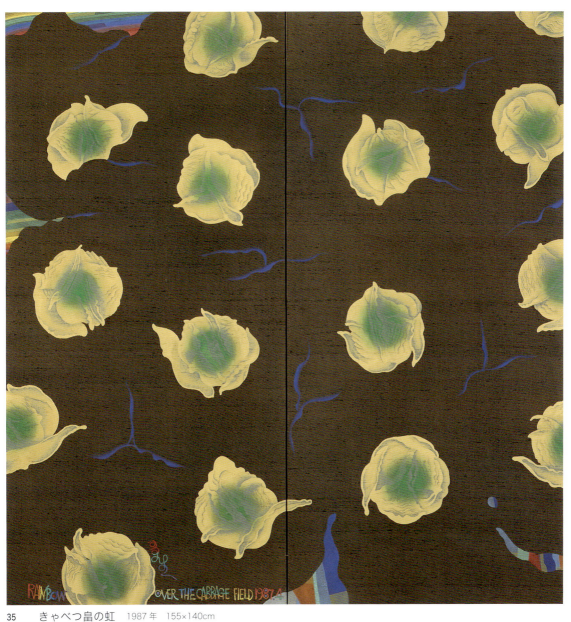

35 　きゃべつ畠の虹　1987年　155×140cm

たけのこ畠の虹

　この作品には模様化の意識が強いと思います。だから平面的な構成になっています。タケノコの斑（ふ）を一つずつ替えてそれぞれ変化をつけています。そのような目立たないところで、まあ遊びですね。やはり私の作品は、遊びというのがかかわる。あまり決まりきったことよりは、遊びとかよろこびですね、そういう要素がいつもほしいのです。仕事に遊びの要素がないと続かないですわな。作品を見るひともしんどいでっしゃろ。

36　たけのこ畠の虹　1987年　167×173cm

37　花菖蒲畠の虹　1988年　146×140cm

38　牡丹花　1988年　167×174cm

39 　きゃべつ畠の虹 II 　1989年　146×140cm

40　牡丹と虹　1989年　168×174cm

41　芥子と虹　1990年　167×177cm

42　芥子と虹　1991年　152×145cm

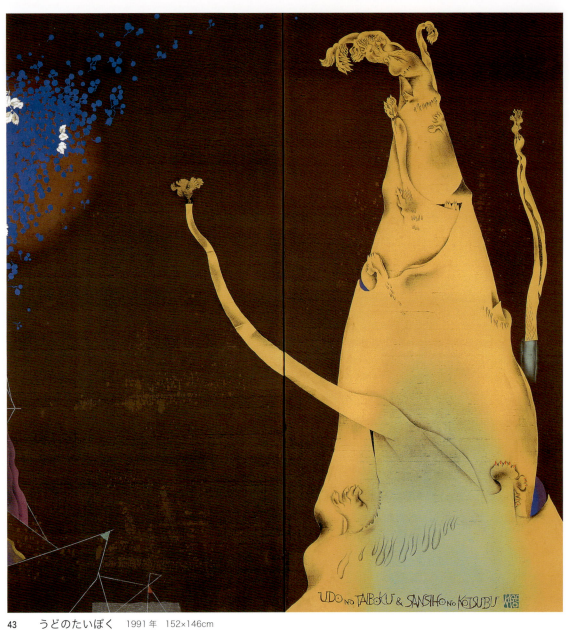

43　うどのたいぼく　1991年　152×146cm

44　芥子　1991年　60×31cm

45　太古の譜　1992年　160×270cm

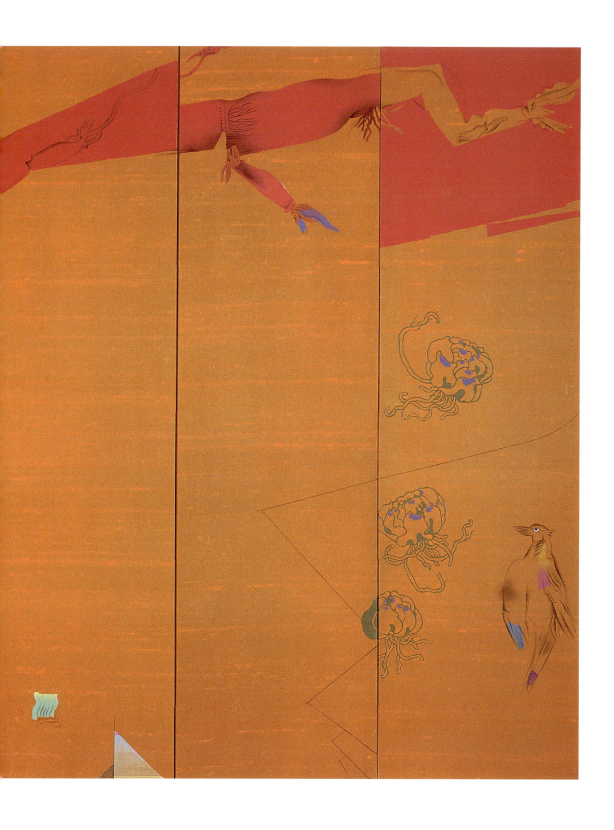

46　白牡丹　1992年　160×180cm

47-1　芽四題（みょうがのめ）　1993年　108×47cm   47-2　芽四題（ねぎのなえ）　1993年　108×47cm

47-3　芽四題（はすのめ）　1993年　108×47cm

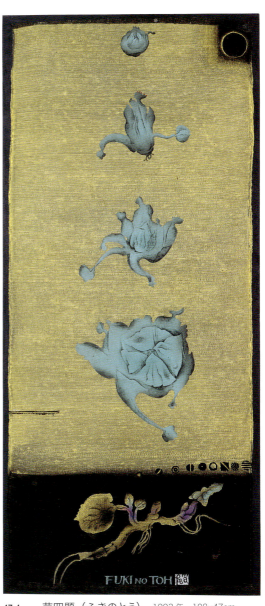

47-4　芽四題（ふきのとう）　1993年　108×47cm

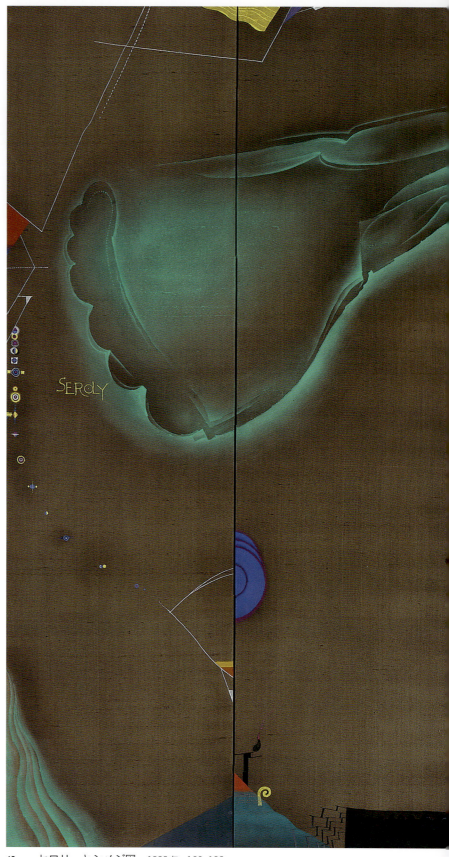

48　セロリーとシメジ図　1993年　160×182cm

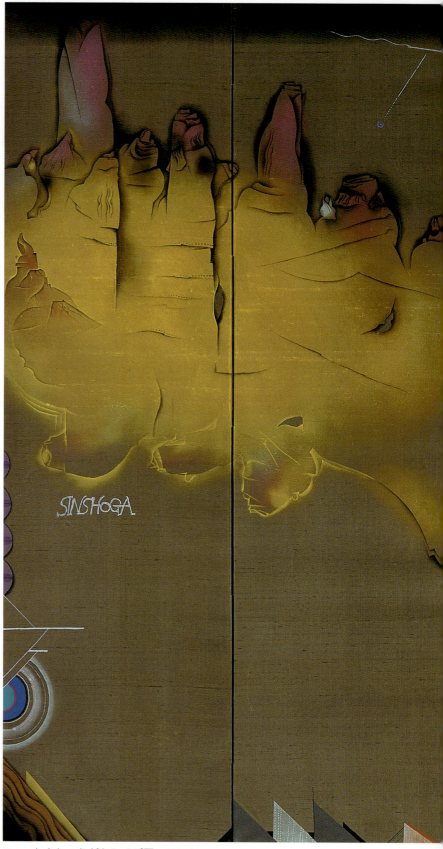

49　しんしょうがとシメジ図　1994年　160×180cm

50　うどと貝　1994年　170×181cm

51　ホネ貝とカリフラワー　1995年　160×142cm

52　菜根の詩　1996年　155×303cm

53　胡桃三態　1996年　162×144cm

54　澪標　1998年　各160×140cm

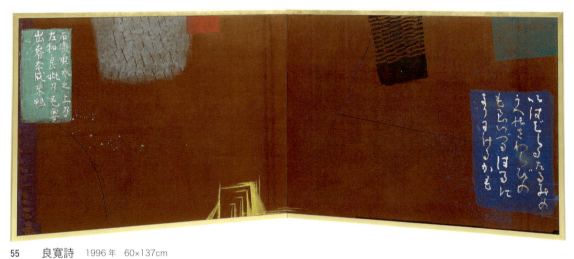

55　良寛詩　1996年　60×137cm

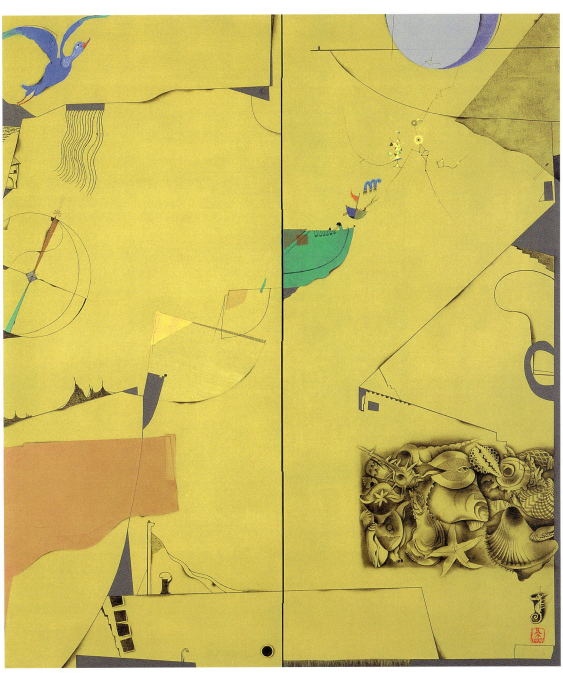

56　波止場頌　1999年　160×140cm

57　早春譜　2000 年　160×140cm

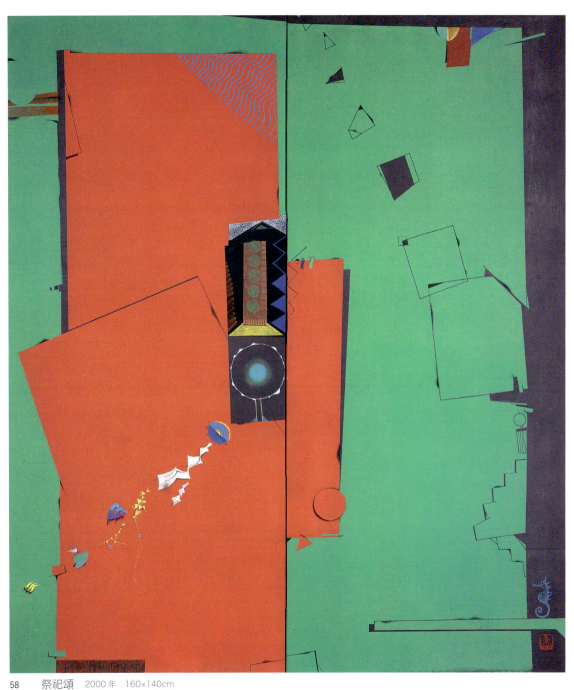

58　祭祀頌　2000 年　160×140cm

59 港讃歌 2000年 160×280cm

60　夢談義Ⅰ　2001年　60×180cm

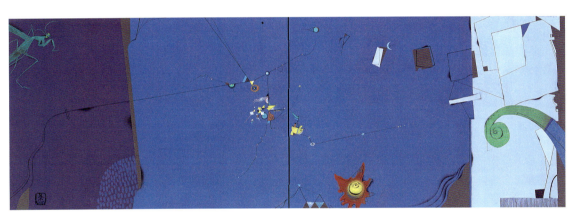

61　夢談義 II　2001年　60×180cm

62　夢談義Ⅷ　2004 年　160×140cm

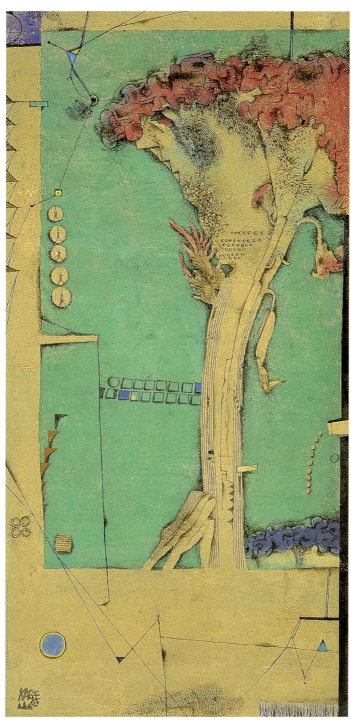

63　鶏頭 I　2005 年　70×35cm

64　和根洋菜頌　2007年　160×141cm

65　飛ぶ芥子　2009年　140×120cm

66 鶏頭頌 2009年 160×140cm

67　芥子　2010年　160×160cm

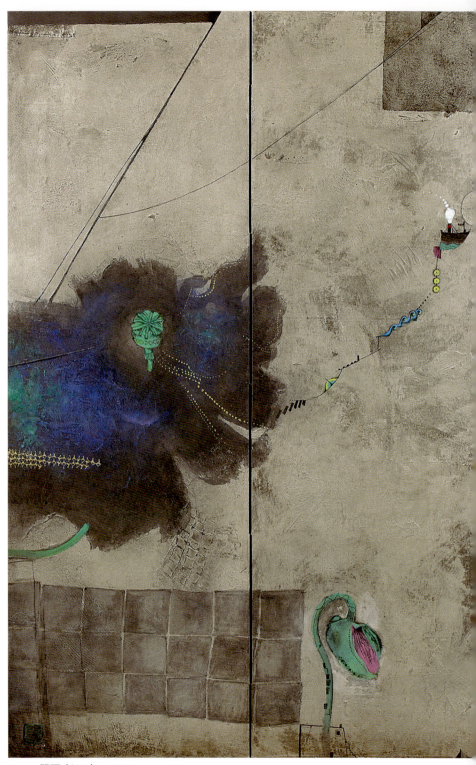

68　罌粟（ケシ）　2011年　150×200cm

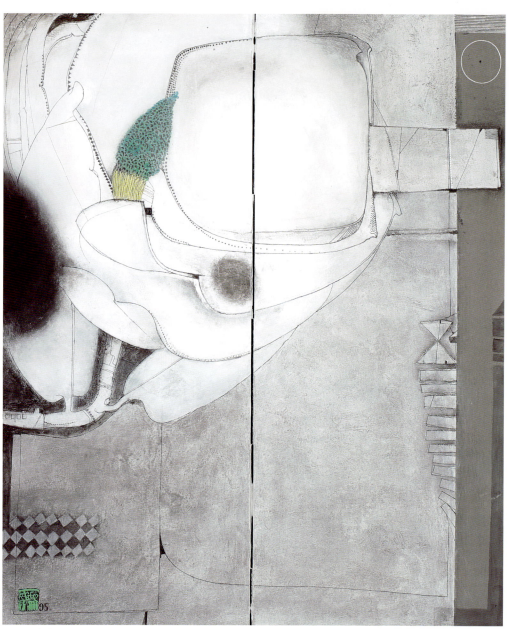

69　泰山木　2011年　150×140cm

70　泰山木の華　2013年　78×35cm

140

陶

71　　手　2000 年　37.5×23×29cm

72　つつみっつ　2000年　39.5×19×25cm

73 　そら豆　2005 年　15×155cm

74 　ひなげし　2005 年　20×16.5cm

75　ぶどうとカネノナル木　2005年　19×15cm

76　牡丹「東野…」　2006年　26×18cm

77　キャベツ　2006年　21×30cm

78　なたねⅡ　2005年　25×18cm　　　　79　まつかさ　2005年　16×14cm

80 　ゆり　1993〜2000年　4.5×6.5×3.5cm

81 　トクサ　1993〜2000年　6.5×9×4.5cm

82 　富士山　1993〜2000年　9×7×3.5cm

83 とり 1993〜2000年 7×8.5×5cm

84 リンゴ文 1993〜2000年 7×9×3.5cm

85 抽象文 曲り角付円形 1993〜2000年 径8×7cm

86　亀甲文　2002〜06年　12×11×4.5cm

87　百合Ⅰ　2002〜06年　11.5×10×5cm

88　芥子　2002〜06年　8×11×5cm

89　方円文 I　2002〜06年　6.5×9×5cm

90　砦文　2002〜06年　4.5×4.5×7cm

91　うど　2002〜06年　7×5.5×4cm

92 　ラディッシュ　2002〜06年　6×6×4cm

93 　つくし　十字文　2002〜06年　5.2×5.7×45cm

94 　泰山木「以呂波…」　2002〜06年　8×11×4.5cm

95　ぼたん　2002〜06年　9.5×7×5cm

96　もも・くり・かき　2002〜06年　6.5×10×4.5cm

97　ほし柿　2002〜06年　8×11×4.5cm

98　天之海仁…　2002〜06年　7×10×4.5cm

99　ぜんまい　2002〜06年　6×9.5×4.5cm

100　ふくろう　2002〜06年　5.5×5×3cm

板絵

101　羽子板　春風秋雨

102　羽子板　天海丹雲波立

103　羽子板　仏像

104　羽子板　桃栗三年

草稿・素描

106　草稿

107　草稿

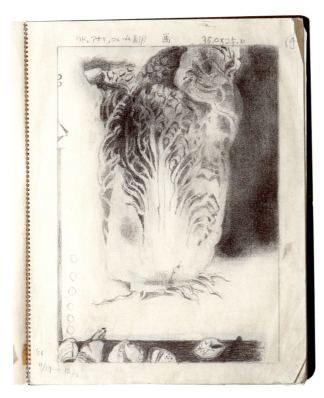

108 草稿

109 草稿

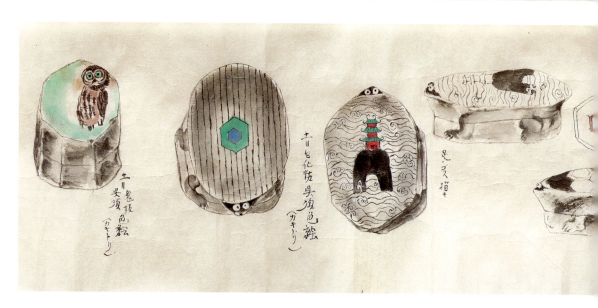

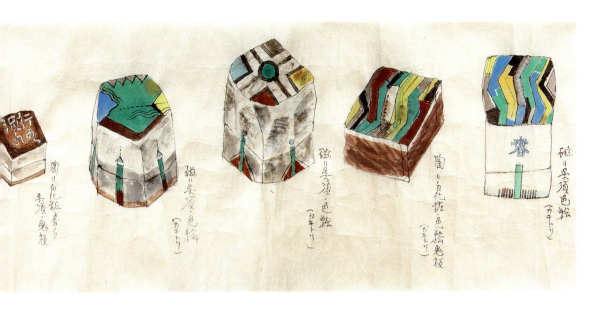

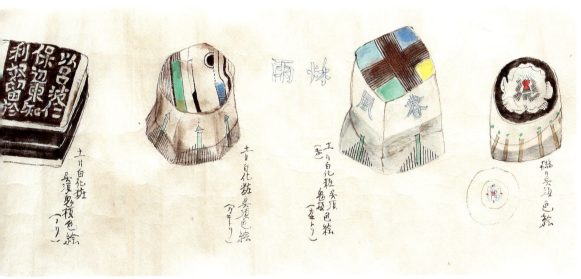

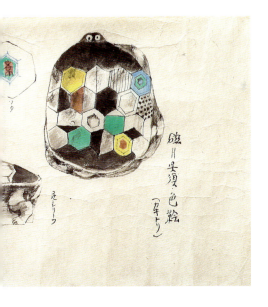

110　陶筥草稿

111　陶筥草稿

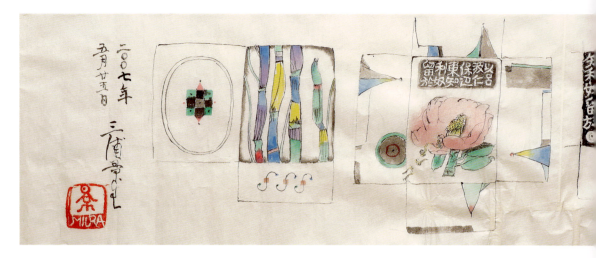

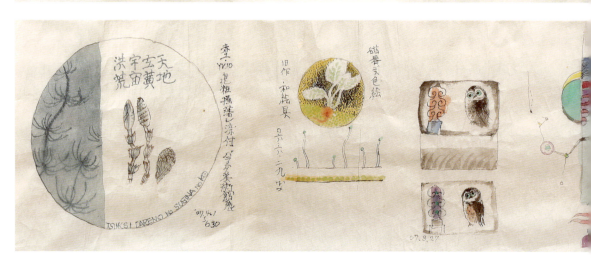

112　陶筥草稿

113　野菜素描

114　素描

115　素描

116 素描

117 素描

118 素描

119 素描

120　素描

121　素描

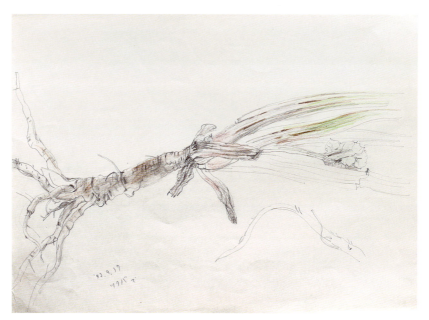

122　素描

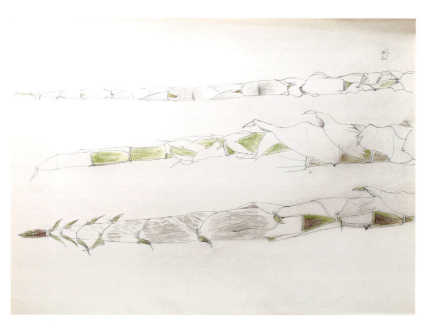

123　素描

124 素描

125 素描

126　素描

127　素描

128　素描

129　素描

130 素描

131 素描

132　素描

133　素描

略年譜

西暦	和暦	年齢	月日	事項
1916	大正5年		8月	20日京都市中京区間之町通姉小路上ルに、表具師である父・久次郎、母・タキの長男として生まれる。本名・景雄。1947年には光陽の号も使用。
1929	昭和4年	13歳	4月	京都市立第二商業学校に入学。
1932	昭和7年	16歳	4月	丸紅株式会社意匠部に、染織図案制作の見習いとして入社。
1942	昭和17年	26歳	4月	大阪陸軍造兵廠に徴用される。
1946	昭和21年	30歳	2月	丸紅株式会社意匠部の再建に参加。
1947	昭和22年	31歳	5月	第3回京展に《ほろほろ鳥之圖》が初入選（以後、京展（京都市美術館主催）には継続して出品。'59審査員就任以降、審査員を歴任）。
			10月	第3回日展に《爉染屏池之圖》が初入選（以後、日展には継続して出品。'60無鑑査出品、'66審査員初就任、'67会員、'80評議員、'97参与）。
			10月	丸紅株式会社図案部を月末で退社、その後染色家、小合友之助に師事。
1950	昭和25年	34歳	12月	京都府主催輸出工芸美術展で《南草更紗》が褒賞を受賞。
1951	昭和26年	35歳	4月	京都工芸美術展覧会（丸物百貨店／京都）で《温室》が優賞を受賞。
1954	昭和29年	38歳	4月	第6回京展で《運河》が市長賞を受賞。
			5月	「第1回朝日新人展」（髙島屋／京都）に出品。
1955	昭和30年	39歳	11月	初の個展、「三浦景生染色工藝展」（京都府ギャラリー／京都）を開催。
1957	昭和32年	41歳	5月	第9回京展で《蠟染屏風 段々畠のある漁村》が市長賞を受賞。
1959	昭和34年	43歳	10月	第2回新日展で《朧》が特選・北斗賞を受賞。
1960	昭和35年	44歳	11月	「染色二人展」（京都書院画廊／京都）に出品［出品者：来野月乙、三浦景生］。
1961	昭和36年	45歳	3月	毎日新聞社主催の「京都ベスト3展」に出品。
			6月	京都工芸美術展覧会（大丸／京都）に出品。
			6月	現代工芸美術家協会が設立され、結成に参加。
			11月	「第1回染色四人展」（京都府ギャラリー／京都）に出品［出品者：来野月乙、黒田暢、寺石正作、三浦景生］（以後同展は、1969年第8回展まで開催）。
1962	昭和37年	46歳	4月	「現代美術京都秀作展」（京都新聞社主催）に出品（以後、同展には1966年第5回展まで毎回出品）。
			5月	第1回日本現代工芸美術展で《青い風景》が現代工芸会員賞を受賞（以後、同展には1978年第17回展まで毎回出品。'63、'64、'68、'69、'70審査員就任）。
1963	昭和38年	47歳	12月	京都市立美術大学美術学部工芸科染織図案専攻の助教授となる。
1964	昭和39年	48歳	10月	個展「三浦景生作品展」（山田画廊／京都）を開催。
1965	昭和40年	49歳	2月	「日本現代工芸美術ヨーロッパ巡回展」（ベルリン、ハンブルクほかの各都市を巡回）に出品。
			6月	個展「三浦景生作品展」（養清堂画廊／東京）を開催（1977年にも同画廊で個展を開催）。
1966	昭和41年	50歳	6月	「日本現代工芸美術アメリカ・メキシコ巡回展」（フィラデルフィア、サウスキャロライナ、ニューハンプシャー、ニューヨークほかの各都市を巡回）に出品。
			8月	「三浦景生・五東衛展」（養清堂画廊／東京）を開催［出品者：五東衛（清水九兵衛）、三浦景生］。
1967	昭和42年	51歳	4月	第19回京展で《塔》が京展賞を受賞。
1971	昭和46年	55歳	4月	京都市立芸術大学美術学部工芸科染織専攻の教授となる。
1974	昭和49年	58歳	3月	「京都近代工芸秀作展」（京都府立総合資料館／京都）に出品。
1975	昭和50年	59歳	6月	個展（朝日画廊／京都）を開催。
1977	昭和52年	61歳	1月	第1回京都工芸美術選抜展（京都府立文化芸術会館／京都）に出品。
1978	昭和53年	62歳	4月	第30回京展で《春の譜》が第30回京展記念市長大賞を受賞。
			5月	社団法人日本新工芸家連盟が設立され、理事となる。

			8月 「現代日本の工芸」（京都国立近代美術館／京都）に出品。
			9月 「現代の工芸作家展―京都を中心とした―」（京都市美術館／京都）に出品。
1979	昭和54年	63歳	6月 第1回日本新工芸展に審査員として出品（以後、1991年第13回展まで毎回出品）。
1980	昭和55年	64歳	6月 第2回日本新工芸展で《柳之図》が東京都知事賞を受賞。
			8月 「染と織―現代の動向展」（群馬県立近代美術館／高崎）に出品。
1981	昭和56年	65歳	3月 「ろう染の源流と現代展」（サントリー美術館／東京）に出品。
			11月 個展（ギャラリーなかむら／京都）を開催。
1982	昭和57年	66歳	2月 「染色三人展」（髙島屋／京都）に出品［出品者：来野月乙、中堂憲一、三浦景生］。
			3月 京都市立芸術大学美術学部工芸科染織専攻の教授を停年退官。
			4月 大手前女子大学に染色科が創設され、教授に就任。
			4月 『三浦景生作品集』（染織と生活社）刊行。
1983	昭和58年	67歳	9月 「現代日本の工芸―その歩みと展開」（福井県立美術館／福井）に出品。
			12月 第2回京都府文化賞功労賞を受賞。
1984	昭和59年	68歳	3月 「三浦景生展」（京都府立文化芸術会館／京都）を開催。
			7月 染織と生活社刊行の月刊誌『染織α』の表紙絵を担当。1988年4月号まで続け、1989年7月号（100号記念）でも担当する。
			8月 石川県立九谷焼技術研修所で、作図の指導にあたる。このことが契機となり、九谷焼による色絵陶器の制作を試みるようになる。
1985	昭和60年	69歳	4月 「三浦景生の宇宙」（阪急百貨店／東京）を開催。
			11月 京都市文化功労者の表彰を受ける。
1986	昭和61年	70歳	6月 「三浦景生染色展」（髙島屋／横浜）を開催。
1987	昭和62年	71歳	2月 「1960年代の工芸―昂揚する新しい造形―」（東京国立近代美術館工芸館／東京）に出品。
			3月 「財団法人中信美術奨励基金」の発起人になり、4月、理事として京都美術文化賞の選考委員に就任。
			6月 第9回日本新工芸展で《きゃべつ畑の虹》が内閣総理大臣賞を受賞。
			11月 「近代の潮流 京都の日本画と工芸」（京都市美術館／京都）に出品。
1988	昭和63年	72歳	4月 「パリ京都展」（パリ・ラファイエット百貨店／パリ）に出品。
			5月 個展「色絵陶板展」（大和アートサロン／金沢）を開催。
1989	平成元年	73歳	5月 「現代京都の美術工芸展」（京都文化博物館／京都）に出品。
			6月 「アートサロン新装記念 三浦景生色絵陶板展」（大丸／京都）を開催。
1990	平成2年	74歳	4月 個展（ギャラリー三条／京都）［陶板を中心とした内容］を開催。
			10月 「染の世界・三浦景生展」（髙島屋／京都）を開催。
1991	平成3年	75歳	2月 第1回染・清流展に出品（以後、同展には2004年第14回まで毎年出品。以後、'09、'11に出品）。
			4月 「月刊染織αの表紙絵原画展part1」（ギャラリーマロニエ／京都）を開催。
			5月 「MOVING京都」（大丸／京都）に出品［出品者：佐野猛夫、清水九兵衞、鈴木治、藤平伸、三浦景生］。
1992	平成4年	76歳	1月 個展「染と陶・三浦景生展」（ギャルリー正觀堂／京都）を開催。
			4月 「三浦景生展」（ワコール銀座アートスペース／東京）を開催。
1993	平成5年	77歳	3月 「世界の工芸」展（京都国立近代美術館／京都）に出品。
			4月 個展「色絵磁器陶筥展」（蔵丘洞画廊／京都）を開催。
			5月 淡交社刊行の茶道雑誌『淡交』の梅原猛の連載「もののかたり」の挿絵を1995年4月の完結まで担当。
1994	平成6年	78歳	3月 「三浦景生陶筥展」（髙島屋／京都）を開催。
			7月 京都工芸美術作家協会の理事長となる。

			7月「無量会二人展」(ギャルリー正観堂／京都) を開催 [出品者：藤平伸、三浦景生]。
			8月「近作展15 現代の染め・4人展」(国立国際美術館／大阪) に出品 [出品者：佐野猛夫、伊砂利彦、来野月乙、三浦景生]。
1995	平成7年	79歳	1月「平安建都1200年記念 現代・京都の工芸展」(京都文化博物館／京都) に出品。
			2月 第13回京都府文化賞特別功労賞を受賞。
			5月「猛書・伸陶・景染 梅原猛・藤平伸・三浦景生展」(髙島屋／京都) に出品 (同展は翌年1996年にも開催)。
1996	平成8年	80歳	4月「日本の染織・テキスタイル展」(目黒区美術館／東京) に出品。
			8月『三浦景生作品集』(求龍堂) 刊行。
1997	平成9年	81歳	6月「国際美術館の20年 彫刻と工芸、日本の水彩・素描と版画」(国立国際美術館／大阪) に出品。
			9月「染めの詩 三浦景生展」(大丸／大阪・京都) を開催。
1998	平成10年	82歳	6月「染めの詩 三浦景生展」(目黒区美術館／東京) を開催。
1999	平成11年	83歳	3月「染めの詩 三浦景生展」が芸術選奨文部大臣賞を受賞。
			5月 1999京展より京展委員に就任 (～2010年)。
2000	平成12年	84歳	4月「染・1990—2000 三浦景生展」(エスパスOHARA／東京) を開催。
2001	平成13年	85歳	8月「京都の工芸[1945—2000]」(東京国立近代美術館／東京、京都国立近代美術館／京都) に出品。
2002	平成14年	86歳	6月「夢談議 三浦景生展」(髙島屋／京都、東京) を開催。
2005	平成17年	89歳	6月「世界ろう染大会 Rozome Masters of Japan」(ワシントンD.C.、シアトル、ボストン他巡回) に出品。
			8月「第3回円空大賞展」(岐阜県美術館／岐阜) に出品。
2006	平成18年	90歳	5月「布と土に誌う 三浦景生展」(奈良県立万葉文化館／奈良県明日香村) を開催。
			5月「卆寿 三浦景生展」(髙島屋／京都、東京) を開催。
2007	平成19年	91歳	4月「三浦景生―染陶暦程―」(パラミタミュージアム／三重県菰野町) を開催。
			11月 第39回日展で《和根洋菜頌》が内閣総理大臣賞を受賞。
2008	平成20年	92歳	11月 京都新聞大賞文化学術賞を受賞。
2010	平成22年	94歳	2月「三浦景生展―京・染陶暦程―」(中信美術館／京都) を開催。
2011	平成23年	95歳	1月「三人展」(染・清流館／京都) に出品 [出品作家：佐野猛夫、来野月乙、三浦景生]。
			5月「三浦景生展―ヨコハマ染陶暦程―」(シルク博物館／横浜) を開催。
2012	平成24年	96歳	5月 個展「三浦景生展」(ギャラリー田澤／京都) を開催 (2014年にも同画廊で個展を開催)。
			9月「三浦景生・以左子展」(中信美術館／京都) を開催 [出品者：三浦以左子、三浦景生]。
2015	平成27年	99歳	8月28日 逝去。
			9月「三浦景生展―行雲流水―」(中信美術館／京都) が開催。
2016	平成28年		5月「作品とポートレートで偲ぶ 三浦景生追悼展」(パラミタミュージアム／三重) が開催。

※本年譜の作成にあたっては、主に以下の文献を参照した。
　　『三浦景生作品集』 株式会社求龍堂発行、1996年
　　『三浦景生―染陶暦程』 パラミタミュージアム発行、2007年
　　『京展』目録 (京都市美術館発行)
　　『日展』図録・作品集、『日展史』等 (公益社団法人日展発行)
　　『日本美術年鑑』(東京文化財研究所発行)
※ [　] 内は編者補足事項。
※本年譜は京都市美術館の坂野歩、後藤結美子が編集した。

作品リスト

	題名	制作年	素材、技法	サイズ(cm)	所蔵	出展・受賞
1	白夜の白菜 II	2014年	白山紬、ステンシル	100×64		改組 新 第1回日展
2	菜根譚	2007年	白山紬、ステンシル、ドローイング、布象嵌	各148×360	(公財)中信美術奨励基金	三浦景生展（パラミタミュージアム）
3	菜根譚実寸下図	2007年（1984年を改作）				
4	染屏風 暖房	1953年	木綿、蠟染	170×170		第5回京展
5	製材所	1956年	木綿、蠟染	170×164		第8回京展
6	運河	1954年	木綿、蠟染	167×185	京都市美術館	第6回京展 市長賞
7	魚介 ほね貝、ひらめ、うに	1959年頃	絹、蠟染	60×43	個人蔵	京都美術懇話会展
8	羽展くコンドル	1960年	絹、蠟染	184×168	個人蔵	第3回新日展
9	青い風景	1962年	木綿、蠟染	170×90	東京国立近代美術館	第1回日本現代工芸美術展 会員賞
10	自然	1964年	木綿、蠟染	136×86		第16回京展
11	古風な話	1966年	麻、蠟染	168×141	京都市美術館	第9回新日展
12	赤い貌	1966年	麻、蠟染	81×99	染・清流館	二人展（養精堂画廊）
13	青い貌	1966年	麻、蠟染	60×80	染・清流館	二人展（養精堂画廊）
14	賛歌	1966年	麻、蠟染	151×140	(公財)中信美術奨励基金	第18回京展
15	去来	1967年	麻、蠟染	168×151	京都府文化博物館	第10回新日展
16	塔	1967年	麻、蠟染	150×122	染・清流館	第19回京展 京展賞
17	海	1968年	麻、蠟染	150×120	(公財)中信美術奨励基金	
18	風人	1968年	絹、蠟染	152×142	染・清流館	第20回京展
19	風水	1970年	麻、蠟染	168×168	(公財)中信美術奨励基金	第2回日展
20	緑の式部	1971年	麻、染、布象嵌	167×184	国立国際美術館	第3回日展
21	きゃべつとうど	1971年	木綿、蠟染	107×45	(公財)中信美術奨励基金	第10回日本現代工芸美術展
22	末摘花	1972年	麻、染、布象嵌	166×182	京都国立近代美術館	第4回日展
23	土器と干し果実達	1972年	木綿、蠟染	108×52	京都国立近代美術館	第11回日本現代工芸美術展
24	土器ととうもろこし	1973年	木綿、蠟染、布象嵌	79×35	(公財)中信美術奨励基金	第12回日本現代工芸美術展
25	土器とめろんと鳥	1973年	木綿、蠟染、布象嵌	116×46	京都国立近代美術館	第25回京展
26	はぼたん譜	1974年	白山紬、蠟染	181×172	京都府文化博物館	第6回日展
27	晨（牡丹）	1973年	白山紬、蠟染	197×170	(公財)中信美術奨励基金	第5回日展
28	晩夏図	1977年	白山紬、蠟染	173×170	国立国際美術館	第9回日展
29	牡丹之図	1979年	白山紬、蠟染	167×161	染・清流館	第11回日展
30	花菖蒲	1980年	白山紬、蠟染	174×173	京都市美術館	第12回日展
31	蓮文	1981年	白山紬、蠟染	168×176	京都市立芸術大学 芸術資料館	第13回日展
32	菜根譚	1983年	白山紬、蠟染	167×180		第15回日展
33	まつのみどり	1983年	白山紬、蠟染	64×188		第5回日本新工芸展
34	菜根譚	1984年	白山紬、蠟染	141×131	(公財)中信美術奨励基金	三浦景生展（京都府企画）
35	きゃべつ畠の虹	1987年	白山紬、蠟染、ドローイング	155×140	染・清流館	第9回日本新工芸展 内閣総理大臣賞
36	たけのこ畠の虹	1987年	白山紬、蠟染	167×173	染・清流館	第19回日展
37	花菖蒲畠の虹	1988年	白山紬、蠟染	146×140	京都府文化博物館	第10回日本新工芸展
38	牡丹花	1988年	白山紬、蠟染	167×174	シルク博物館	第20回日展
39	きゃべつ畠の虹 II	1989年	白山紬、蠟染	146×140	(公財)中信美術奨励基金	第11回日本新工芸展
40	牡丹と虹	1989年	白山紬、蠟染	168×174		第21回日展
41	芥子と虹	1990年	白山紬、蠟染	167×177	染・清流館	第22回日展
42	芥子と虹	1991年	白山紬、蠟染	152×145	染・清流館	第1回染・清流展
43	うどのたいぼく	1991年	白山紬、蠟染、ドローイング	152×146		第13回日本新工芸展
44	芥子	1991年	白山紬、蠟染、ステンシル、ドローイング	60×31		「Moving 京都」展
45	太古の譜	1992年	白山紬、蠟染、ステンシル、布象嵌	160×270	(公財)中信美術奨励基金	第2回染・清流展
46	白牡丹	1992年	白山紬、蠟染、ステンシル、ドローイング	160×180	(公財)中信美術奨励基金	第24回日展
47	芽四題（みょうがのめ、ねぎのなえ、はすのめ、ふきのとう）	1993年	白山紬、蠟染、ステンシル、ドローイング	各108×47	染・清流館	第3回染・清流展
48	セロリーとシメジ図	1993年	白山紬、蠟染	160×182		第25回日展
49	しんしょうがとシメジ図	1994年	白山紬、蠟染	160×180		第4回染・清流展
50	うどと貝	1994年	白山紬、蠟染、ステンシル、ドローイング	170×181		第26回日展

	題名	制作年	素材、技法	サイズ (cm)	所蔵	出展・受賞
51	ホネ貝とカリフラワー	1995年	白山紬、蠟染、ステンシル、ドローイング	160×142		第27回日展
52	菜根の詩	1996年	白山紬、蠟染、ステンシル、ドローイング	155×303	染・清流館	第6回染・清流展
53	胡桃三態	1996年	白山紬、蠟染、ステンシル、ドローイング、布象嵌	162×144	(公財)中信美術奨励基金	第28回日展
54	澪標	1998年	白山紬、ステンシル、ドローイング、布象嵌	各160×140	染・清流館	第8回染・清流展
55	良寛詩	1996年	和紙、ステンシル、ドローイング	60×137		
56	波止場頌	1999年	白山紬、ステンシル、ドローイング	160×140	染・清流館	第31回日展
57	早春譜	2000年	白山紬、染、コラージュ	160×140	シルク博物館	第32回日展
58	祭祀頌	2000年	白山紬、ステンシル、ドローイング、布象嵌	160×140	染・清流館	
59	港讃歌	2000年	白山紬、蠟染、ステンシル、ドローイング、布象嵌	160×280	(公財)中信美術奨励基金	第10回染・清流展
60	夢談義Ⅰ	2001年	白山紬、ステンシル、ドローイング、布象嵌	60×180	染・清流館	第11回染・清流展
61	夢談義Ⅱ	2001年	白山紬、ステンシル、ドローイング、布象嵌	60×180	染・清流館	第11回染・清流展
62	夢談義Ⅷ	2004年	白山紬、ステンシル、ドローイング、布象嵌	160×140		第36回日展
63	鶏頭Ⅰ	2005年	白山紬、ステンシル、ドローイング、布象嵌	70×35		
64	和根洋菜頌	2007年	白山紬、ステンシル、ドローイング、布象嵌	160×141	京都市美術館	第39回日展 内閣総理大臣賞
65	飛ぶ芥子	2009年	白山紬、ステンシル、ドローイング、布象嵌	140×120		第17回染・清流展
66	鶏頭頌	2009年	白山紬、ステンシル、ドローイング、布象嵌	160×140		第41回日展
67	芥子	2010年	白山紬、ステンシル、ドローイング、布象嵌	160×160		第42回日展
68	罌粟(ケシ)	2011年	木綿、ステンシル、ドローイング	150×200	シルク博物館	第18回染・清流展
69	泰山木	2011年	白山紬、ステンシル、ドローイング	150×140		第43回日展
70	泰山木の華	2013年	白山紬、ステンシル、ドローイング	78×35	(公財)中信美術奨励基金	第45回日展
71	手	2000年	陶花器	37.5×23×29		
72	つつみっつ	2000年	陶花器	39.5×19×25		
73	そら豆	2005年	色絵、陶額	15×155		
74	ひなげし	2005年	色絵、陶額	20×16.5		
75	ぶどうとカネノナル木	2005年	色絵、陶額	19×15		
76	牡丹「東野…」	2006年	色絵、陶額	26×18		
77	キャベツ	2006年	色絵、陶板	21×30		
78	なたねⅡ	2005年	色絵、陶板	25×18		
79	まつかさ	2005年	色絵、陶板	16×14		
80	ゆり	1993〜2000年	色絵、陶筥	4.5×6.5×3.5	(公財)中信美術奨励基金	
81	トクサ	1993〜2000年	色絵、陶筥	6.5×9×4.5	(公財)中信美術奨励基金	
82	富士山	1993〜2000年	色絵、陶筥	9×7×3.5	(公財)中信美術奨励基金	
83	とり	1993〜2000年	色絵、陶筥	7×8.5×5	(公財)中信美術奨励基金	
84	リンゴ文	1993〜2000年	色絵、陶筥	7×9×3.5	(公財)中信美術奨励基金	
85	抽象文 曲り角付円形	1993〜2000年	色絵、陶筥	径8×7	(公財)中信美術奨励基金	
86	亀甲文	2002〜06年	色絵、陶筥	12×11×4.5		
87	百合Ⅰ	2002〜06年	色絵、陶筥	11.5×10×5		
88	芥子	2002〜06年	色絵、陶筥	8×11×5		

	題名	制作年	素材、技法	サイズ (cm)	所蔵	出展・受賞
89	方円文Ⅰ	2002〜06年	色絵、陶筥	6.5×9×5		
90	砦文	2002〜06年	色絵、陶筥	4.5×4.5×7		
91	うど	2002〜06年	色絵、陶筥	7×5.5×4		
92	ラディッシュ	2002〜06年	色絵、陶筥	6×6×4		
93	つくし 十字文	2002〜06年	色絵、陶筥	5.2×5.7×45		
94	泰山木「以呂波…」	2002〜06年	色絵、陶筥	8×11×4.5		
95	ぼたん	2002〜06年	色絵、陶筥	9.5×7×5		
96	もも・くり・かき	2002〜06年	色絵、陶筥	6.5×10×4.5		
97	ほし柿	2002〜06年	色絵、陶筥	8×11×4.5		
98	天之海仁…	2002〜06年	色絵、陶筥	7×10×4.5		
99	ぜんまい	2002〜06年	色絵、陶筥	6×9.5×4.5		
100	ふくろう	2002〜06年	色絵、陶筥	5.5×5×3		
101	羽子板 春風秋雨		板、顔料			
102	羽子板 天海丹雲波立		板、顔料			
103	羽子板 仏像		板、顔料			
104	羽子板 桃栗三年		板、顔料			
105	草稿		反故紙、顔料など			
106	草稿		写生帳、鉛筆、水彩など			
107	草稿		写生帳、鉛筆、水彩など			
108	草稿		写生帳、鉛筆など			
109	草稿		写生帳、鉛筆など			
110	陶筥草稿	1998年	和紙、水彩、毛筆など			
111	陶筥草稿	2003年	和紙、水彩、毛筆など			
112	陶筥草稿	2007年	和紙、水彩、毛筆など			
113	野菜素描	1999年	和紙、水彩、毛筆など			
114	素描		ケント紙、鉛筆、水彩など			
115	素描		ケント紙、鉛筆、水彩など			
116	素描		ケント紙、鉛筆、水彩など			
117	素描		ケント紙、鉛筆、水彩など			
118	素描		ケント紙、鉛筆、水彩など			
119	素描		ケント紙、鉛筆、水彩など			
120	素描		ケント紙、鉛筆、水彩など			
121	素描		ケント紙、鉛筆、水彩など			
122	素描		ケント紙、鉛筆、水彩など			
123	素描		ケント紙、鉛筆、水彩など			
124	素描		ケント紙、鉛筆、水彩など			
125	素描		ケント紙、鉛筆、水彩など			
126	素描		ケント紙、鉛筆、水彩など			
127	素描		ケント紙、鉛筆、水彩など			
128	素描		ケント紙、鉛筆、水彩など			
129	素描		ケント紙、鉛筆、水彩など			
130	素描		ケント紙、鉛筆、水彩など			
131	素描		ケント紙、鉛筆、水彩など			
132	素描		ケント紙、鉛筆、水彩など			
133	素描		ケント紙、鉛筆、水彩など			

謝辞

　本展開催にあたり、下記の機関に所蔵作品の貸し出しなどのご協力をいただきました。記して感謝の意を表します。

　東京国立近代美術館
　国立国際美術館
　京都国立近代美術館
　京都府京都文化博物館
　京都市立芸術大学芸術資料館
　シルク博物館
　公益財団法人 中信美術奨励基金
　染・清流館
　公益社団法人 日展

　写真撮影
　　神尾康孝：作品番号3、4、7、63、67、68、101 〜 131
　　中川純一：作品番号5、8

三浦景生の染め　白寿の軌跡

2016年9月6日

発　　行	三浦景生展実行委員会
デザイン	古川加津夫（株式会社 千 手）
印　　刷	ニューカラー写真印刷株式会社
発　　売	染織と生活社
	606-8427 京都市下京区松原通烏丸西入
	電話 075（343）0388　FAX075（343）0399
	info@senshoku-alpha.jp

※本書の無断転載・複写を禁ずる

ISBN978-4-915374-60-9